Susan Brownmiller

Mein New Yorker Hochhausgarten

Aus dem Englischen
von Brigitte Walitzek

Schöffling & Co.

Erste Auflage 2018

Originaltitel: *My City Highrise Garden*
Originalverlag: Rutgers University Press

Einbandfoto: Susan Brownmiller
Satz: Fotosatz Amann, Memmingen
Druck & Bindung: CPI Moravia
ISBN 978-3-89561-657-0

www.schoeffling.de

Mein New Yorker Hochhausgarten

Hallo, Terrasse

Seit nunmehr fünfunddreißig Jahren gärtnere ich auf einer hochgelegenen Terrasse eines New Yorker Wohngebäudes, bepflanze Töpfe, Tröge und Kübel, schleppe jedes Frühjahr säckeweise Erde an, schlage mich mit dem Wind herum, führe Krieg gegen alle möglichen Winzlinge, die meinen Pflanzen den Lebenssaft aussaugen und kreuze gelegentlich die Klinge mit einem missgünstigen Nachbarn. Natürlich hätte ich auch liebend gern auf einem Landgut gegärtnert, oder zumindest auf einer nicht ganz so hoch gelegenen Terrasse, aber ich will mich nicht beklagen. Ich kann von Glück sagen, überhaupt einen Außenbereich zu haben, wo ich meiner Leidenschaft nachgehen kann, auch wenn die rauen Bedingungen zwanzig Stock über der Straße für meine Pflanzen nicht gerade einfach sind.

Gärtnernde Schriftsteller erzählen einem gern, wie sie zu ihrem Fleckchen Erde gekommen sind – beispielsweise indem sie ein völlig zugewuchertes Stück Farm- und Waldland erbten. Das hier ist eine New Yorker Geschichte. Sie begann in den 1960er Jahren, als Bauunternehmer ein Mietshaus am nordwestlichen Rand des charmanten, historischen Greenwich Village abrissen, gleich an der Grenze zu einem Leichtindustriegebiet, bestehend aus Schlachthäusern und Fabriketagen. Das klobige rote Backsteinmonstrum, das anschließend auf dem Grundstück hochgezogen wurde, passte so wenig zu den Häusern im frühen Federal- und viktorianischen Stil auf der besseren Seite der Grenze und wirkte im Vergleich zu ihnen so unverhältnismäßig groß, dass entsetzte lokale Denkmalschützer in Aktion traten und die Stadt dazu brachten, Greenwich Village zu einer geschützten Zone zu erklären, in der es strikte Auflagen in Bezug auf die Höhe neuer Bauten gab.

Der unrühmliche Koloss, eine bereits vollendete Tatsache, besaß ein Penthousestockwerk mit fünf Terrassenwohnungen. Ich weiß natürlich, dass ein Penthouse eigentlich ein Einzelgebilde ist, aber ich kann nun einmal nichts für die Benennungspraktiken von Immobilienmaklern oder für die Wünsche und Sehnsüchte der Leute. Inzwischen besitzt New York Wohntürme mit sage und schreibe vier – Sie können gern nachzählen, vier – ausgewiesenen Penthouse-Stockwerken. Ein privater Bereich mit Kletterpflanzen und Blumen und einer fabelhaften Aussicht ist nun einmal der Traum vieler Städter, eine unausrottbare romantische Phantasievorstellung von Erfolg auf höchstem Niveau, die zu großen Teilen auf alte, noch in Schwarzweiß gedrehte Hollywoodfilme zurückgeht, die nicht etwa an Ort und Stelle, sondern in nachgemachten Sets entstanden.

Jedenfalls wohnte ich in einer durchaus netten Zwei-Zimmer-Mietwohnung im fünften Stock des Kolosses, der die Denkmalschützer auf den Plan gerufen hatte, als ein Buch, das ich geschrieben hatte, mir einen Haufen Geld einbrachte. Verständlicherweise richtete sich mein Blick sofort nach oben, und ich bat Nestor, unseren hart arbeitenden Hausmeister, mir Bescheid zu geben, sobald eine Penthousewohnung frei würde. Meine Beziehung zu Nestor war ausgezeichnet. Er bewunderte mein Geschick mit Zimmerpflanzen und ich wurde nie ausfällig, wenn er einmal vergaß, irgendeine Reparatur für mich zu erledigen, während ein berühmter Filmschauspieler, der ebenfalls im Haus wohnte und ebenfalls ein Penthouse wollte, für seine Temperamentsausbrüche bekannt war. Nestor hatte Probleme mit der Hüfte und sein Englisch ließ zu wünschen übrig, was für meine Geschichte relevant ist. Eines Tages verließ er während eines Streiks der Gebäudemitarbeiter die Streikpostenkette in der Lobby, humpelte auf mich zu und rief: »Er gestorben, er gestorben!« Es dauerte einen Augenblick, bis mir klar wurde, dass Nestor mir einen wertvollen Tipp gab, der mir den entscheidenden Vorsprung verschaffte, mir eine plötzlich zur Verfügung stehende Wohnung im obersten Stock zu sichern. Ich schluckte, packte die Gelegenheit beim Schopf, unterschrieb einen Vertrag, der meine Miete verdreifachte, und wurde Terrassengärtnerin.

1978, als ich meinen Adlerhorst bezog, rissen sich die Leute noch nicht darum, in der Nähe eines lauten Schlachthofbezirks zu leben, wo es nach Talg und Blut stank und vor Fliegen nur so wimmelte. Eine Großbäckerei, eine Eiscremeproduktion und eine stinkende Würstchenfabrik lagen ein Stück weiter die Straße runter. Ich erinnere mich immer noch an den unverkennbaren Geruch einer Tintenfabrik. Scheppernde Güterwaggons für die Fleischhauer pendelten auf einer Hochbahntrasse hin und her. Nachts konnte man in geparkten Lastwagen in der Nähe der gesperrten West Side Highway – ein Teil davon war eingestürzt – anonymen Sex kaufen. Wenn ich abends mit dem Hund unterwegs war, gingen wir nie in diese Richtung.

Stadtviertel verändern sich. Meins verwandelte sich von einem Wildwest-Grenzgebiet zu »angesagt«. Der Highway wurde wiedereröffnet, daneben wurde direkt am Ufer des Hudson ein Park angelegt, und die Schlachthäuser wichen trendigen Nachtclubs, Designerboutiquen, gläsernen Türmen mit Eigentumswohnungen und Spitzenrestaurants, für die die Leute von weither angefahren kamen. Die scheppernden Güterwaggons verschwanden, ein großer Teil der Hochbahntrasse wurde abgerissen, der Rest verwandelte sich in den kunstvoll gestalteten High Line Park, der Touristen aus aller Welt anzieht, und in jüngster Zeit bezog eins der städtischen Museen sein neues Domizil direkt am Ufer. Mein Haus wurde Mitte der 1980er Jahre in Eigentumswohnungen umgewandelt, allerdings durften laut Gesetz 30 Prozent von uns weiterhin als Mieter in unseren mietpreisgebundenen Wohnungen bleiben. Weder damals noch zu irgendeinem Folgezeitpunkt hätte ich es mir leisten können, die Wohnung zu den durch die Decke schießenden Preisen auf dem Immobilienmarkt zu kaufen.

Jetzt kommt das Beste: Meine Penthousewohnung bietet einen phänomenalen Blick auf den Hudson, die sich ständig verändernde Stadtlandschaft Lower Manhattans, die Küste von Jersey und Sonnenuntergänge wie aus dem Bilderbuch. Ich kann die Phasen des Mondes beobachten und sogar den großen Wagen ausmachen, obwohl die hellen Lichter der Stadt den Nachthimmel verblassen lassen. Die meisten meiner Besucher bemerken meinen Garten nicht einmal, wenn sie auf die Terrasse treten. »Wow, was für eine Aussicht!«, rufen sie, obwohl ich ihnen eigentlich eine Taglilie zeigen wollte.

Das Ego eines Terrassengärtners in luftiger Höhe ist – gigantisch. Das muss es im Kampf gegen eine feindliche, unnatürliche Umwelt auch sein. Meine Terrasse ist von drei Seiten her den Elementen ausgesetzt. Statt Erde habe ich rötlichbraune Steinplatten und metallene Abflussrohre unter den Füßen. Der Wind ist mein ungeliebter ständiger Gesellschafter. Ich habe ein Übermaß an Sonne und nur wenig Schatten. Wie alle Gärtner bin ich dankbar für Regen, bis ein launischer Frühling oder Sommer daherkommt, der nichts als Regen bringt. Meine sämtlichen Hoffnungen auf und Träume von üppigem Wachstum wurzeln in Kübeln, Trögen und Töpfen, die an einem einzigen heißen Sommertag geradezu beängstigend austrocknen können. Ständig zerre ich einen Schlauch durch die Gegend und entwirre seine Wirrungen, weil ein automatisches Bewässerungssystem (glauben Sie mir, ich hatte eins) kein Ersatz für ein aufmerksames Menschenwesen ist.

Einssein mit der Natur im Sinn von Ralph Waldo Emerson und Henry David Thoreau – das ist auf einer im Zickzack verlaufenden dreiseitigen Terrasse, die ich in fünfundsiebzig Sekunden hin und her abgehen kann, ohne mich zu beeilen, aber auch ohne den Blick auf etwas anderes zu richten als die Stoppuhr (was ich recherchehalber einmal gemacht habe), leider nicht zu haben. Hier die Dimensionen meines Reichs, von mir persönlich mit dem Zollstock ausgemessen: Etwa zweieinhalb Meter breit auf der kurzen Nordseite, wo Hortensien und Geißblatt wachsen und ich die Gartengerätschaften in einem Verschlag unter einem Überhang aufbewahre; knapp drei Meter breit auf der langen Westseite, wo es Rosen und Mädchenaugen, eine Bank und einen großen Tisch mit Stühlen gibt; ziemlich genau anderthalb Meter breit auf der besten, der Südseite – weitere Rosen, Taglilien und ein Schmetterlingsstrauch –, die an die Nachbarterrasse grenzt. Auf dem Höhepunkt meiner schwindelerregendsten, ehrgeizigsten Träume wurden die Zickzackecken von drei Birken, einem Zwerg-Pfirsich und einem Zierapfel bewohnt, und Wilder Wein und eine Kletterrose verdeckten einen beträchtlichen Teil der Backsteinmauern.

Bauliche Veränderungen der Fassade des Gebäudes, die hierorts in regelmäßigen Abständen durchgeführt werden, haben meinem Garten herbe Rückschläge versetzt. Insgesamt drei Sommer lang hatte ich tagsüber keinerlei Zugang zur Terrasse, weil sie als Bühne für diverse Arbeitstrupps mit Abspannseilen, Flaschenzügen und Teerfässern beschlagnahmt worden war. Der Wilde Wein wurde von der Mauer gerissen, meine Kletterrose wurde in Stücke gehackt. Die riesigen Holzbottiche mit meinen Bäumen wurden so lange hierhin und dorthin gezerrt, bis sowohl Bottiche als auch Bäume kurzerhand zerhackt und entsorgt wurden. Bei Sonnenuntergang, wenn die Arbeiter weg waren, schlich ich mich hinaus, kroch vorsichtig, um nicht garrotiert zu werden, unter den Abspannseilen durch und wässerte, was von meinen Schätzen noch übrig war. Aber trotz meiner Qualen und Frustrationen während dieser schlimmen Zeiten gab es immer auch meine unerschütterliche Entschlossenheit, den Garten wieder schön zu machen.

Meine schlimmste Herausforderung war der Winter 2014/2015, der kälteste, den der Nordosten seit 65 Jahren erlebt hatte, eine unbarmherzige Dauerattacke von Schnee-, Regen und Eisstürmen, auf die ein deprimierender Nicht-Frühling aus Tauwetter und neuerlichen Frosteinbrüchen folgte. An der ganzen Ostküste beherrschte das Wetter die Nachrichten. Ich war stolz, das Ganze überlebt zu haben, ohne in eine Schneewehe zu stürzen und mir das Handgelenk zu brechen, aber als ich mich endlich auf die Terrasse hinauswagte, an die ich monatelang nicht einmal gedacht hatte, stellte sich schnell heraus, dass viele meiner Lieblinge den Winter nicht überstanden hatten. Ich selbst war gerade achtzig geworden, und die Aussicht, praktisch noch einmal ganz von vorn anfangen zu müssen, war extrem niederschmetternd.

Aber was blieb mir anderes übrig? Ich fing noch einmal von vorn an. Noch war ich nicht bereit, mich in Demut geschlagen zu geben.

Ja, ich besitze eine private grüne Oase in einer von Konkurrenzdenken geprägten Stadt, einen Ort, an dem ich in der Erde herumwühlen, vor mich hinpusseln, pflanzen, gießen, düngen, schneiden, zurückstutzen und vorsichtig zurücktreten kann, um mein Werk aus eingeschränkten Blickwinkeln zu bewundern, aber ich würde nicht behaupten, dass es eine Oase des Friedens ist. Vielmehr ist der Garten eine ewige Herausforderung in einer unnatürlichen Umgebung. Ich finde es immer noch erstaunlich, wie viele kleine Lebewesen mein grüner Bereich anlockt: Wanderfalter und Zugvögel stehen ganz oben auf der Liste der Besucher; Blattläuse, Ameisen und Bienen ganz unten. Mir ist bewusst, dass ich sogar lächle, wenn ich die schwersten Arbeiten verrichte. Tatsächlich lächle ich immer, wenn ich auf meiner Terrasse bin, und meistens erledige ich dann irgendwelche Arbeiten. Obwohl ich kein spiritueller Mensch bin, hat mein Garten mir viele Augenblicke reinster Glückseligkeit geschenkt: wenn ich eine Karotte aus der Erde ziehe; einen reifen Pfirsich pflücke; in der Paarungszeit im Herbst dem nächtlichen Zirpen der Grillen lausche oder morgens von einer neu aufgeblühten Rose begrüßt werde.

Neue Technologien haben meine Gartengewohnheiten verändert. Mit der Zeit haben Kunststoffbehälter meine speziell angefertigten Rotholztröge ersetzt, die anders als versprochen kein ganzes Leben hielten. Inzwischen pflanze ich alles und jedes in eine leichte, sterile, mit Perlit durchsetzte Blumenerde, das Ende einer langen Bekanntschaft mit sich ringelnden Regenwürmern. Ich besuche die wie Pilze aus dem Boden schießenden Internetseiten für Gärtner und stelle fest, dass sie oft hilfreicher sind als meine Bibliothek gewichtiger Nachschlagewerke. Heutzutage finde, ordere und bezahle ich neue Pflanzen für gewöhnlich mit ein paar Klicks, obwohl es immer noch nichts Schöneres gibt, als in den gedruckten

Katalogen herumzustöbern, die per Post eintrudeln. Ich knicke Eselsohren in die Seiten, pappe Post-its hinein, umkringele interessante Pflanzen mit Textmarker und beschließe die Transaktion mit einem freundlichen telefonischen Schwatz mit einem real existierenden Menschen. Möge es immer real existierende Menschen geben! Und ich werde es nie müde, Bücher über die Gärten anderer Leute zu lesen.

Mein Garten fesselt mich intellektuell und emotional. Er ist eine nie endende Herausforderung, weil irgendetwas immer schiefgehen kann. Aber, wenn alles gutgeht …

Der Wind, der Wind

Eine zugige Hügelkuppe oder eine windgepeitschte Küste, gelegentlich eingelullt von trügerischen Phasen der Ruhe und des Friedens: Diese schwierigen Lebensräume kommen denen auf einer hochgelegenen Stadtterrasse wahrscheinlich am nächsten. An stürmischen Tagen, an denen ich selbst lieber drinnen wäre, sehe ich, dass es auch meinen Pflanzen nicht gerade besonders gutgeht. Der Wind ist der größte Feind meines Gartens, eine Naturgewalt, gegen die Hochhausgärtner Strategien entwickeln müssen, wollen sie überhaupt einen Garten haben.

Starker Wind entzieht den Blättern der Pflanzen die Feuchtigkeit und überfordert die normalen Verdunstungsprozesse – den hydraulischen Hub von Wasser und Nährstoffen von den Wurzeln in die Stängel und schlussendlich in die Blätter, die auf diesen Prozess angewiesen sind. Verdunstet die Feuchtigkeit in den Blättern schneller, als sie ersetzt werden kann, besteht das Ergebnis in vertrockneten, rissigen, braunen, verschrumpelten Blättern, die man nur noch abzupfen kann. Böen verursachen zusätzliche Verwüstungen. Ein starker Windstoß kann den eigentlich robusten Blütenstängel einer hohen Pflanze einfach umknicken, den Halt einer Kletterpflanze zerstören,

Äste von holzigen Sträuchern reißen und eine aufrechte Konifere im Lauf der Jahre zu einem Gebilde verformen, das einfach nur hässlich anzusehen ist. Ich habe das alles erlebt.

Wind kann Knospen austrocknen, Blüten zerfetzen und Bäume umkippen. Wind kann unglaubliche Schäden an einem eigentlich robusten Gewächs wie dem Wilden Wein anrichten, der sich normalerweise fest an die Backsteinmauern klammert. Wind besitzt die destruktive Kraft, die von mir sorgfältig zusammengedrehten Schnüre zu lösen, die die biegsamen Zweige einer Kletterrose halten. Wind kann meine Terrassentüren mit einem so heftigen Knall zuschlagen, dass die Angeln locker werden. Wind kann mich daran hindern, die Terrasse zu betreten, weil seine Kraft so stark ist, dass ich die Tür nicht aufgedrückt bekomme. Eines Nachmittags sah ich meine Nachbarin in einer Ecke ihrer Terrasse auf den Knien liegen – ein plötzlicher Windstoß hatte sie umgeworfen.

Wussten Sie, das New York windiger ist als Chicago, das immerhin den Beinamen »Windy City« führt? Der in New York vorherrschende Wind kommt im Winter normalerweise aus West-Nordwest und in den Gartenmonaten aus Südwesten. Ruhiges Wetter auf Straßenniveau ist kein Hinweis auf die Bedingungen, die weiter oben herrschen. Selbst ein nur leichter Wind kann die Seiten hoher Gebäude hinaufhuschen und auf Dächern und ungeschützten Terrassen immer mehr Geschwindigkeit zulegen.

In meinen Anfangsjahren als Gärtnerin, als ich noch Frühlingszwiebeln steckte, musste ich zu meiner Verärgerung feststellen, dass die Tulpen in den öffentlichen Parks und auf den kleinen, eingezäunten Flächen unter den Straßenbäumen zwei Wochen früher blühten als meine. Wenn meine Spätzünder dann schließlich doch anfingen, Farbe zu zeigen, knickten ihre windgepeitschten Stängel haufenweise um. Ich hörte auf, Tulpen zu pflanzen. Mein Zierapfel blühte später als die auf der Straße; meine Birken versetzten mich in Angst und Schrecken, wenn ihre angeketteten Kübel anfingen zu tanzen. Laut den Karten, die vom Landwirtschaftsministerium herausgegeben werden, liegt die Stadt New York in Winterhärte-Zone 7b, einem durchaus angenehmen Klima für ein breites Spektrum an Bäumen, Sträuchern, Blühpflanzen, Obst und Gemüse, aber die windige Höhe meiner Terrasse versetzt sie in ein turbulenteres und kälteres Mikroklima, das auf der Karte nicht verzeichnet ist. Alles, was ich pflanze, ist, um auf Nummer sicher zu gehen, für die kältere Zone 6 freigegeben.

Früher sehnte ich mich nach einem ummauerten Garten, wie ich sie sie aus Herrenhäusern in England und Frankreich kenne – meistens ummauern sie dort ihre Obst- und Gemüsegärten. Aber Mauern würden bei mir nicht funktionieren. Erstens wären sie nicht erlaubt, zweitens würde ich meine wunderbare Aussicht verlieren, und drittens ist eine Mauer keine wirkliche Abschreckung für den Wind. Meine Terrasse ist von einem niedrigen Backsteinmäuerchen umgeben, auf dem ein schmiedeeisernes Geländer sitzt, das eine Höhe von etwa einem Meter zwanzig erreicht, was die Sicherheitsbestimmungen der Stadt erfüllt. Es ist hoch genug, um zu verhindern, dass jemand aus Versehen in die Tiefe purzelt, kann starke Winde jedoch nicht davon abhalten, Schäden anzurichten.

Die britische Royal Horticultural Society (RHS) berichtet, dass Wind, der auf eine solide Backsteinmauer trifft, nach oben steigt und sich in Wirbeln und Strudeln über die Kante stürzt. Ich kann diese Fallwinde nur bestätigen. Außerdem hat sich herausgestellt, dass der wahre Zweck ummauerter Gärten zu viktorianischer Zeit der war, Tiere und Wilderer fernzuhalten. Natürlich stimmt es, dass eine durchlässige Barriere aus immergrünen Nadelgehölzen wie der Eibe den Wind verlangsamt. Die RHS empfiehlt für einen effektiven Windschutz drei abgestufte Eibenreihen. Aber welche Stadtterrasse bietet dafür Platz? Schon die eine Eibenreihe, die ich früher auf der Nordseite der Terrasse hatte, versperrte mir die Sicht und ließ kaum Raum für die Pflanzen, die ich dort eigentlich haben wollte.

Eine offensichtliche Strategie besteht darin, nach

Pflanzen zu suchen, die für ihre Windresistenz bekannt sind oder, anders ausgedrückt, von denen man weiß, dass sie mit windigen Bedingungen zurechtkommen. Immergrüne Gewächse mit dünnen Nadeln wie die Eibe schaffen das ganz gut; großblättrige immergrüne Pflanzen wie Rhododendren oder Azaleen dagegen leiden sehr unter Windschäden. Hortensien und Buschrosen, die sich in Küstengebieten gut halten, sind dagegen geeignet. Eine weitere Möglichkeit ist die, in den Katalogen nach niedrigwüchsigen Varianten von Lieblingen aus alter Zeit zu suchen. Züchter arbeiten auf Hochtouren an kompakteren Versionen beliebter Pflanzen, die besser für die kleineren Gärten von heute geeignet sind. Für hochgelegene Terrassen und Balkone sind zahlreiche mittelgroße Tag- und sogar Schwertlilien erhältlich, wozu ich allerdings hinzufügen muss, dass die Blütezeit von Schwertlilien sehr kurz ist, was bedeutet, dass man für den Rest des Frühlings und des Sommers einen Topf voller schwertförmiger Blätter, aber keine Blüten hat.

Sobald ich in einem Katalog das Wort »Zwerg« entdecke, macht mein Herz einen Sprung. Was für ein glücklicher Tag, als ich eine nur fünfundzwanzig Zentimeter hohe Goldrute entdeckte. Fast hätte ich es aufgegeben, auf eine Zwerg-Stockrose zu warten, und raten Sie mal? Inzwischen sind auch Zwerg-Stockrosen – also gut, Stockrosen, die, den Topf nicht mitgerechnet, etwa einen Meter hoch werden – zu haben, allerdings noch nicht in all den unzähligen Stockrosenfarben. Natürlich sollten sich Stockrosen groß und ein bisschen zerzaust an hohe Gartenzäune lehnen, aber ich habe nun einmal weder einen hohen Zaun noch einen Garten, und deshalb kaufe ich mir jedes Jahr eine neue niedrige Stockrose und genieße es, sie in ihrem Topf zu hegen und pflegen.

Es ist immens wichtig, auf die Höhe meiner blühenden Mehr- und Einjährigen zu achten und schwachwüchsigere Varianten trockenheitsresistenter Pflanzen für meinen Garten auszuwählen, sofern es sie gibt. Glockenblume und Bartfaden gibt es in niedrigeren Sorten, wohingegen es keinen Zweck hat, an Rittersporn auch nur zu denken – noch hat niemand einen niedrigwüchsigen Rittersporn gezüchtet. Ein guter halber Meter, das ist meine bevorzugte Blütenhöhe, weil höhere Stängel im Wind nur zu leicht umknicken. »Widerstandsfähig« ist ein weiterer Begriff, der mich aufmerken lässt, wenn ich in einem Katalog blättere. Kurze, feste Stängel, typisch für das quirlblättrige Mädchenauge (*Coreopsis verticillata*) und einige Anemonen, wiegen sich einfach im Wind.

Meine wichtigste Strategie ist großzügiges Gießen. Windgepeitschte Pflanzen, die durch Oberflächenverdunstung viel Feuchtigkeit verlieren und deren Systeme auf Hochtouren arbeiten müssen, um für Nachschub zu sorgen, lassen die Erde in den Töpfen im Nullkommanichts austrocknen. Selbst ein ergiebiger Regen reicht nicht aus, um die ausgedörrte Erde zu sättigen. New York ist mit reichlich Regen gesegnet – rund 1100 Liter pro Jahr und Quadratmeter –, aber ein Terrassengarten voller Kübel und Töpfe, die auf einem künstlichen Untergrund stehen, kann die allzeit willkommenen Himmelsgüsse nicht so ausnutzen, wie ein Garten es kann, denn der Regen, der auf meine Steinplatten trommelt, läuft einfach durch die Abflüsse davon (Hüten Sie sich vor verstopften Abflüssen). Im Hochsommer wird mein kostbarster Besitz, die Hortensie ›Nikko Blue‹, jeden Tag gegossen. Die ›Nikko Blue‹ macht übrigens aus ihren Bedürfnissen kein Geheimnis – sie sinkt in sich zusammen wie eine korsettierte Dame in einem *Fin-de-siècle*-Ballsaal, wenn ich mit dem Schlauch nicht schnell genug bin.

Karel Čapek, der tschechische Schriftsteller, lieferte seinen Lesern in *Das Jahr des Gärtners*, das er über seinen weitläufigen Garten in Prag schrieb, eine amüsante Schilderung seiner Schwierigkeiten mit dem Gartenschlauch: »Eine ausgezeichnete Erfrischung erzielen Sie, indem Sie mit dem Schlauch gegen den Wind spritzen: Es ist eine reine Wasserkur, so durch und durch nass werden Sie. Der Schlauch hegt eine besondere Vorliebe, irgendwo in der Mitte ein Loch zu haben, dort, wo Sie es am wenigsten vermuten. Sie stehen dann da wie ein Wassergott inmitten sprühender Wasserstrahlen, mit einer langen, zu Füßen zusammengerollten Schlange; es ist ein überwältigender Anblick. Wenn Sie dann nass bis auf die Haut sind, erklären Sie zufrieden, der Garten habe genug, und Sie gehen hinein, um sich abzutrocknen. Inzwischen sagt Ihr Garten »Uff«, saugt, ohne mit der Wimper zu zucken, Ihre Wasserströme auf, und nun ist er wieder so trocken und durstig wie zuvor.« Kommt mir bekannt vor.

Als ich mit meinem Garten anfing, ließ ich für die wichtigsten Pflanztröge auf der Terrasse ein automatisches Bewässerungssystem aus PVC-Rohren und dünnen Schläuchen installieren, ergänzte das komplizierte Ding (heutzutage sind sie weniger kompliziert) aber immer durch Gießkanne und Schlauch. Die Rohre für das automatische System wurden abmontiert, als im Gebäude wieder einmal Fugenarbeiten anstanden, und ich ließ sie nie wieder anbringen. Aber auch ich hatte bei meinem 30-Meter-Schlauch mit reichlich Knicken und Knoten und undichten Stellen zu kämpfen, ganz zu schweigen von den vielen Malen, die ich darüber stolperte, wenn ich zu faul war, ihn auf die Rolle zurückzuspulen. Ich kann mich mehr als glücklich schätzen, immerhin einen Außenhahn zu haben, der an die Badezimmerrohre angeschlossen ist, die meisten Terrassen- und Balkongärtner haben so etwas nicht. Und ich kann außerdem froh sein, in einer Stadt zu leben, in der es dank der zahlreichen Reservoire im Hinterland noch nie eine ernsthafte Wasserknappheit gab.

Was die Geselligkeit angeht, kann schon ein leichter Wind meine Pläne für ein Essen *al fresco*, das als angenehmer Abend großstädtischer Raffinesse gedacht war, völlig über den Haufen werfen. Das Essen ist fertig, die Gäste haben ihre Plätze eingenommen, aber sie sehen nicht sonderlich glücklich aus, weil nämlich plötzlich Wind aufgekommen ist! Ich kann es meinen Gästen nicht verdenken, dass sie nicht vom Tischtuch umflattert mitten in einem Windkanal essen und trinken möchten. Zweimal wurden meine Pläne bereits vereitelt, bevor ich auch nur den Tisch gedeckt hatte, weil Freunde gestanden, Höhenangst zu haben und sich striktweg weigerten, auch nur einen Fuß auf die Terrasse zu setzen. Es ist erstaunlich, wie viele hochfunktionierende Leistungsträger an Höhenangst leiden und panische Angst davor haben, in die Tiefe zu stürzen. Von daher betrachte ich es als ausgezeichneten Rekord, wenn mir in einem Sommer zwei oder drei Essen im Freien gelingen. Es erübrigt sich zu sagen, dass es natürlich zahlreiche Abende gibt, an denen die Bedingungen für ein Essen im Freien perfekt wären. Aber diese wunderbaren Nächte, an denen es windstill und die Sicht kristallklar ist und Stadt und Fluss wundervoll aussehen und der Mond hell über Manhattan steht, sind natürlich meistens nicht die, an denen ich ein Essen eingeplant hatte.

Die Birken

Einen Monat nach meinem Einzug in die Penthousewohnung dämmerte mir, dass ich trotz meiner glücklichen Hand mit Zimmerpflanzen nicht die leiseste Ahnung hatte, was ich mit der leeren Betonfläche anfangen sollte, die das Ziel meiner Träume gewesen war. Die Terrasse brauchte professionelle Hilfe.

Der Panik nahe rief ich D. an, einen hochgeschätzten Landschaftsarchitekten, der ein Stück die Straße runter wohnte und einen präzise gestalteten Schattengarten sein eigen nannte. D. kam vorbei, um sich die Terrasse anzusehen und machte sich auf der Stelle daran, mir das große Ganze darzulegen. Der Essbereich kam am Besten *hier*hin, Liegestühle zum Sonnenbaden *da*hin. Auf der Südseite müssten Rosen funktionieren. Wilder Wein könnte mit ein bisschen Hilfe die Backsteinmauern überwuchern und für die westliche Flanke, die auf den Fluss hinausging, bot sich eine bunte Mischung aus niedrigen Sommerblumen an. Bäume wären eine Möglichkeit, falls ich vorhatte, diese Richtung einzuschlagen, und vielleicht wäre mir daran gelegen, an den beiden Enden der Terrasse eine Sichtschutzhecke zu pflanzen, um meinen Bereich abzugrenzen.

Mir schwirrte der Kopf. D. hatte »Bäume« gesagt.

Mein Vater hatte eine Radierung geerbt, auf der Birken dargestellt waren. Wenn es einen Baum gab, den ich erkannte, zumindest auf dem Papier, dann die Birke (*Betula*) mit ihrem schlanken Stamm, ihrer weißen Rinde, ihren leicht hängenden Zweigen und ihren kleinen, spitz zulaufenden Blättern. Birken werden in Gedichten und Volksliedern gefeiert. Birken gelten in nördlichen Wäldern als Pionierbäume und wachsen sogar in Sibirien. Ich fragte mich, ob sie auf einer Terrasse in Manhattan überleben würden.

»Du hast gerade ›Bäume‹ gesagt. Was hältst du von Birken?«

Mit schmalen Augen betrachtete D. die Zickzackecken, die auf den Fluss hinausgingen. »Okay. Du könntest drei nehmen, fast ein Wäldchen. Vielleicht würden sie dir sogar ein bisschen Schatten liefern. Eine Markise würde ich dir nicht empfehlen, aber du solltest dir ein automatisches Bewässerungssystem zulegen, sonst bist du mit der Terrasse verheiratet.«

»Heißt das, ich kann Birken haben?«

Zur damaligen Zeit war D. unglaublich effizient, ein romantischer Perfektionist. Ohne ihn hätte ich nicht gewusst, wo ich mit meinem Garten anfangen sollte. An jenem wunderschönen Sonnentag nannte er mir eine Gärtnerei in der Canal Street, die mir junge Birken liefern konnte, und er empfahl mir eine Wassertankfirma, die mittelgroße Bottiche herstellte, die für Bäume geeignet waren.

»Halt, da fällt mir ein, dass ich einen entfernten Verwandten in der Wassertankbranche habe!« In den 1890er Jahren hatte Abraham, mein Großvater mütterlicherseits, ein Küfer aus Minsk, in New York ziemlichen Erfolg mit einer neuen Methode, Wasserpumpen und hölzerne Tanks auf Dächern zu installieren. Er war zweiunddreißig, als er bei einem Arbeitsunfall, über den in der Familie nie gesprochen wurde, ums Leben kam. Von seinem Hochzeitsfoto weiß ich, dass er ein sehr attraktiver Mann war. Meine Großmutter Dora, die plötzlich mit zwei Söhnen und drei Töchtern allein dastand, lehnte alle Angebote von Konkurrenten ab, die sie zum Verkauf drängten, übergab ihrer Mutter Sarah die Versorgung der Kinder und machte sich im Büro der Firma an die Arbeit. Als ihre Söhne Murray und Joe alt genug waren, ihren Platz einzunehmen, ging die Firma in ihre Hände über. Diese entfernte familiäre Verbindung zu Wassertanks war vielleicht einen Anruf wert.

Der entfernte Verwandte, den ich nie kennengelernt hatte, reagierte mit einer großzügigen Geste; anscheinend kannte auch er die uralten Familiengeschichten. Jedenfalls lieferten er und seine Leute mir drei stabile, robuste, mit Stahlreifen ummantelte Eichenkübel, je einen Meter hoch und einen Meter im Durchmesser, hievten sie über das Dach auf die Terrasse und lehnten jede Bezahlung ab. Männer aus der Gärtnerei in der Canal Street brachten Erde und drei junge Birken, deren Wurzeln in Sackleinen eingeschlagen waren. Sie setzten die Bäume in die Kübel, banden die Stämme am Geländer fest und ketteten die Kübel in den Ecken an. Als sie mit Festbinden und Anketten fertig waren, waren die Bäume und ich unter uns.

Die Birken wurden größer und voller, ihre schlanken Äste und ihre spitzen grünen Blätter tänzelten vor dem Hintergrund des Himmels. Ich fütterte sie mit Dünger und versorgte sie täglich mit Wasser und hörte damit erst im Herbst auf, wenn sich die Blätter gelb färbten und abfielen. Jedes Frühjahr baumelten hellgrüne Kätzchen an den Zweigen und bemühten sich der natürlichen Ordnung der Dinge zufolge um Bestäubung und Weiterverbreitung, als ließe sich diese reproduktive Leistung, für eine Birke in einer normalen Umgebung ein Leichtes, in einer gepflasterten und betonierten Stadt wiederholen. Wenn ich im Viertel unterwegs war und zu meinen Bäumen aufsah, war ich jedes Mal von Besitzerstolz erfüllt. Ich zeigte sozusagen Flagge. Ich hatte mein Reich definiert, mein Territorium abgesteckt, hatte bäumisches Leben dort ermöglicht, wo es nie zuvor welches gegeben hatte.

Das bemerkten auch Lebewesen aus der großen weiten Welt. Rotkardinale und Baltimoretrupiale, die zu den Stärlingen gehören, bei uns »Orioles« heißen und die Namensgeber des Baseball-Teams von Baltimore sind, kamen vorbei. Blauhäher ließen sich in den Zweigen nieder und veranstalteten einen ziemlichen Lärm. Spechte auf Wanderschaft hämmerten – rat-tat-tat – ordentliche Löcherreihen in die weiße Rinde. (Nachdem sie mehrere Jahre lang wiedergekommen waren, wünschte ich mir, sie ließen das mit den Löchern). Irgendeine Art von Insekt, das mir instinktiv Angst machte, bemächtigte sich eines der Bäume und spann drei klumpige graue Kokons, die aussahen wie das Werk durchgeknallter Hexen. Was für eine verzweifelte Spezies würde sich an einem so gefährdeten Ort niederlassen? Ich wollte es nicht einmal herausfinden, sondern schlug die Kokons mit einem Besen herunter, wickelte das filzige Zeug in Zeitungspapier und warf es in den Müllschlucker. (Jahre später entschied ich, dass die Kokons das Werk der nur bei uns vorkommenden Wespenart *Dolichovespula maculata* waren, die dafür bekannt ist, nicht unbedingt immer die beste Standortwahl zu treffen.)

Die Birken wuchsen emsig, ihre Äste breiteten sich aus, lieferten mir aber keinen wirklichen Schatten. Dann fiel mir auf, dass die angeketteten Kübel anfingen, bei heftigem Wind zu wackeln. Bei Sturm zerrten sie richtiggehend an ihren Ketten, tanzten den Shimmy und machten mich damit ziemlich nervös. Offensichtlich waren sie inzwischen so dicht geworden, dass der Wind nicht mehr einfach durch sie hindurchpfeifen konnte. Die einzige Lösung war, sie oben zu kappen und insgesamt auszulichten. Ich kaufte mir eine Leiter und eine Baumschere mit langem Stiel. Öfter als ich mich erinnern möchte, stieg ich in einen der Kübel, klammerte mich an den Stamm der jeweiligen Birke und griff mir einen Zweig, um ihn abzuschneiden. Der Trick bestand darin, nie nach unten zu gucken.

Der Hurrikan Gloria streifte Manhattan im September 1985. Ich klebte die Fenster ab, ließ die Jalousien herunter, kroch unter die Bettdecke und verschloss meine Ohren gegen das Heulen und Poltern. Hinterher stellte ich fest, dass eine der Birken umgekippt war und der Länge nach auf der Terrasse lag. Wahrscheinlich hatten das Gewicht des Kübels und die Höhe des Geländers verhindert, dass sie sich in die Lüfte erhob und über die Brüstung segelte. Ich betrachtete meinen gefallenen Giganten und nutzte die Gelegenheit, ein paar abgeknickte Äste zu kappen. Dann benachrichtigte ich den Wartungsdienst des Gebäudes, dessen Mitarbeiter den Baum in beeindruckender Teamarbeit wieder in die Aufrechte hievten.

Hätte mir der eine umgestürzte Baum als Warnung dienen sollen? Tat er leider nicht. Jahre später kippte ein anderer Sturm eine weitere Birke um, die ebenfalls wieder aufgerichtet wurde. Ich machte glücklich und zufrieden damit weiter, meine Bäume zu gießen, zu düngen, zu kappen und auszulichten und dafür zu sorgen, dass mein Wäldchen grün und gesund blieb, stellte aber eine wichtige Arbeit ein, die mir schlicht zu anstrengend geworden war. Gleich zu Anfang hatte man mir gesagt, wenn ich mich nicht einmal jährlich in die Erde hineinwühlen würde, um die Wurzeln zu beschneiden, würden sie irgendwann heillos verfilzen und der Kübel würde viel zu eng für sie werden. Genau das passierte. Inzwischen staute sich das Wasser, das ich ihnen so fürsorglich zukommen ließ, eine wahre Ewigkeit (vielleicht eine Stunde) auf der Oberfläche, bevor es aufgenommen wurde.

Aber die Zeit meiner Bäume war sowieso abgelaufen. Ihr überraschendes Ende kam in Form einer Delegation der Hausverwaltung. Ausgesucht höflich und sichtlich in der Angst, ich würde eine entsetzliche Szene machen, informierte man mich über eine bevorstehende Modernisierungsmaßnahme. Meine Terrasse musste freigeräumt werden, damit der gegossene Betonboden aufgerissen, neu abgedichtet und durch steinerne Strukturplatten ersetzt werden konnte. Einige meiner kleineren Pflanzgefäße konnten während der Arbeiten auf der Terrasse eines Nachbarn unterkommen, aber die großen Birkentröge ließen sich unmöglich woanders hinschaffen. Sie mussten weg.

Wie Marlene Dietrich vor dem Erschießungskommando im Film »Entehrt« zog ich mir die Lippen nach und sagte: »Okay.«

Mein Leben mit den Birken hatte fünfundzwanzig Jahre gedauert, eine respektable Zeitspanne für einen Baum auf einer Stadtterrasse. In diesem Vierteljahrhundert war mein Hund gestorben, meine Katze war gestorben, der Mann, mit dem ich zusammengelebt hatte, war woanders hingegangen, und D., mein brillanter Landschaftsarchitekt, war bei einem Brand ums Leben gekommen. Ich hatte mich an Trennungen gewöhnt.

Die Steinplatten waren im Vergleich zum gegossenen Beton eine große Verbesserung. Nachdem ich die Bäume gebührend betrauert und den leeren Raum, den sie eingenommen hatten, lange genug angestarrt hatte, fasste ich den vernünftigen Entschluss, mir Kunststoffkübel anzuschaffen und sie mit Strauchrosen zu bepflanzen.

Was im März zu tun ist

Im März wird mein Garten lebendig. Das große Erwachen ereignet sich ungeachtet überraschender Schneestürme, unterdurchschnittlicher Temperaturen und wochenlangem Dauerregen ohne auch nur einen einzigen Sonnenstrahl. So ist die Natur nun einmal. Die Tage sind länger, und die Pflanzenwelt reagiert dementsprechend. Ich lasse mich von diesem unaufhaltsamen Frühjahrswunder anstecken und erwache ebenfalls. Der März signalisiert mir: »Komm in die Gänge«, und ich folge seinem Ruf.

Der Kalender hat dabei nichts zu sagen – es gibt keinen fixen Tag, an dem der März mit Pauken und Trompeten loslegt. Notorisch unberechenbar, ist er ein eher störrischer Geliebter voller Andeutungen und Versprechungen. Meine Pflanzen fangen an, sich zu regen. Aber wir sind ein Team, und so warte ich auf einen Tag, an dem es relativ warm und still ist und der Wind mir nicht ins Gesicht peitscht, bevor ich die Winterjacke ausziehe und mich an die Arbeit mache. Schließlich beteilige ich mich auch aus Vergnügen und nicht nur aus Notwendigkeit an diesem Frühjahrserneuerung genannten Spiel. Aber meine Pflanzen brauchen mich.

Auf zwei Penthouse-Terrassen in meinem Blickfeld haben Trupps professioneller Gärtner die Arbeit bereits aufgenommen. Die eine gehört zu einer Art Maisonettewohnung, die schon mehrmals den Besitzer gewechselt hat. Ich erinnere mich noch gut an die freundliche Hippiefrau, die die kleinere obere Ebene gemietet hatte, bevor die beiden Etagen zusammengelegt wurden. Dieses Blumenkind aus den sechziger Jahren hegte jeden zufälligen Sämling, der in ihr Reich geflogen kam. Die große untere Terrasse verläuft einmal rundherum. Sie behaust inzwischen ein Solarium mit Kuppeldach, während die kleine obere Terrasse nun eine Kletterpflanzenlaube ist. Als eine auf Berühmtheiten spezialisierte Buzz App berichtete, Filmstar Jennifer Aniston habe die Maisonette-Wohnung gekauft und *halte sich im Gebäude auf*, drängten sich fünfzig aufgeregte Fans mit gezückten iPhones hinter der Polizeiabsperrung auf der Straße. Sie hofften, die Schauspielerin dabei zu erhaschen, wie sie aus der Tür kam und in ihre Limousine stieg. Das weiß ich deshalb, weil ich zur U-Bahn wollte und einen Polizisten fragte, was die ganze Aufregung zu bedeuten habe. Das ist das Ende des Viertels, dachte ich. Aber Aniston verkaufte schnell wieder an einen geheimnisvollen Besitzer, der keine Amateur-Paparazzi anzieht.

Hier oben findet sich eine völlig andere Welt, die nicht viele Leute zu sehen bekommen, weil sie dafür einen ähnlich hohen Standpunkt brauchten wie meinen. Geschätzte dreißig Veranden, Balkone und Dachgärten unterschiedlichster Größe liegen zwischen dem Fluss und mir, und die gärtnerische Hingabe variiert von Terrasse zu Terrasse. Die Dachgärten auf den Sandsteinhäusern sind elegant durchgestaltet. Einige der Terrassenbesitzer begnügen sich mit ein paar kunterbunt zusammengewürfelten Pflanzen. Ein Dachgarten, mit dem ich im Lauf der Jahre ziemlich vertraut wurde, war mit Kunstrasen ausgelegt und besaß am hinteren Ende eine erhöhte Plattform mit einem Barbecuegrill. Jetzt sehe ich, dass diese Terrasse einen neuen Bodenbelag bekommt, was in New York gang und gäbe ist. Ich hoffe, dass sie, sobald die Abdichtungsarbeiten abgeschlossen sind, wieder von denselben Leuten benutzt werden wird, die sie früher aufsuchten.

Mein Koloss von Wohngebäude hat, weil er nach oben hin schmaler wird, viele Terrassen auf den sogenannten Rückstufungen, und irgendwann ließ das Verwaltungsgremium Geld für einen professionell gestalteten Dachgarten springen – vierzig Jahre nachdem der ursprüngliche Bauherr in seinem Prospekt einen versprochen hatte. Ich muss gestehen, dass der 360-Grad-Rundumblick vom Dach aus besser ist als meiner, und auch das Budget für Anlage und Pflege des Gartens ist größer als meins. Denken Sie sich an dieser Stelle ein Smiley.

Ich finde es wunderbar, dass diese Grünflächen

über dem Getümmel der Stadt immer zahlreicher werden. Sie sind ein Beweis für das Bedürfnis der Menschen, außerhalb der Enge ihrer Wohnungen ein privates Refugium zu haben, und für die belebende Wirkung von frischer Luft und Sonnenauf- oder -untergängen. Und sie sind eine unerwartete Oase für lebende Pflanzen.

Violette Spitzen lugen im *Dicentra*-Topf aus der Erde. Die vertrockneten Stängel vom letzten Jahr auszuzupfen ist eine leichte Aufgabe. Das Tränende Herz, *Dicentra spectabilis*, lässt mich nie im Stich. Die gebogenen Stängel voller hängender, herzförmiger rosa Blüten mit weißen Quasten werden das Erste sein, was bei mir blüht, und die Show wird schon bald anfangen. Robert Fortune, einer aus der rauen Zunft europäischer Pflanzenjäger des achtzehnten und neunzehnten Jahrhunderts, landete nach den Opiumkriegen auf der chinesischen Insel Chusan einen Glückstreffer, fand die Pflanze und verschiffte sie nach London. Innerhalb weniger Jahre hatte das Tränende Herz, auch Flammendes Herz oder Frauenherz genannt, die britischen Cottagegärten und auch dieses Land erobert. Die anmutige Pflanze ist eigentlich viel zu süß, rosig und mollig, um »tränend« genannt zu werden. Mein Tränendes Herz wächst auf der schattigen Nordseite der Terrasse, wo ich es vom Küchen- und Esszimmerfenster aus sehen kann. Es erlebt durchaus üble Momente, wenn es vom Wind gebeutelt wird, meistens genau zur Blütezeit, aber es ist ein Meister des Überlebens. Wenn es nach der atemberaubenden Show im frühen Frühling in Schlaf verfällt, rücke ich den Topf in eine noch schattigere Ecke, um der Pflanze ihre wohlverdiente Ruhepause zu gönnen.

Vor ein paar Jahren verordneten Systematiker dem Tränenden Herz einen neuen lateinischen Familiennamen. Aufgeregt über neue DNA-Sequenzierungen klassifizierten sie die Pflanze um und verwandelten *Dicentra spectabilis* in *Lamprocapnos spectabilis*, was ein ziemlicher Zungenbrecher ist. Kommerzielle Züchter und Händler vertraten hinsichtlich der Namensänderung die Haltung »Abwarten und Tee trinken«, während Gartenblogger durchweg konsterniert waren. Einer von ihnen schrieb: »150 Jahre lang hieß die Pflance *Dicentra*, und so wird sie auch weitere 150 Jahre heißen.« Schreibt euch das hinter die Ohren, ihr Systematiker, wo immer ihr auch seid.

Die gezahnten Blätter eines Zwerg-Salbeis und die quirlständigen, fleischigen Blätter eines Zwergsedums kommen zum Vorschein. Bei beiden muss ich die abgestorbenen Blätter vom letzten Jahr entfernen – auch eine einfache Aufgabe. Weiter zu den vielen Töpfen mit Taglilien, wo schmale grüne Spitzen durch die verfilzten, schlaffen, grauen Reste des letztjährigen Laubs lugen. Ich werde die Masse toter Materie, die der natürliche Mulch der Taglilien ist, aus den Töpfen zupfen, sobald sich das mit Leichtigkeit bewerkstelligen lässt.

Ich muss die neue Petersilie ernten und verwenden, bevor die Pflanze stirbt. Petersilie ist zweijährig und hat ihren großen Auftritt zu Beginn des zweiten Jahres, dann aber gibt sie den Geist auf und muss ausrangiert werden. Ein Gebet aus der Pessach-Haggada segnet die Petersilie; der Leiter des Seder hält das Kräuterbündel hoch und spricht: »Gepriesen seist du, Ewiger, unser Gott, König der Welt. Du hast die Frucht des Erdbodens geschaffen.«

Ich liebe den Augenblick, wenn die bescheidene Petersilie in die Höhe gehalten und gesegnet wird.

Meine Kräuterabteilung hat aber noch mehr zu bieten. Schnittlauch und Sauerampfer sind wiedergekommen. Schnittlauch kann man immer brauchen, und gelegentlich koche ich eine Ampfersuppe. Bei beiden Pflanzen muss das alte Kraut unten herum entfernt werden. Kein Problem.

Ein Stiefmütterchen hat überwintert – eine Sensation. Ich dachte immer, Stiefmütterchen seien einjährig und hätten eine nur kurze Lebensdauer. Aber letztes Jahr stellte mir meine Nachbarin Christine drei der kleinen Schönheiten in Anzuchttöpfen vor die Tür. Das magentarote Exemplar mit den dunklen Flecken stellte die anderen weit in den Schatten und blühte den ganzen Sommer und Herbst hindurch. Ich knipste alles Verblühte ab und war überrascht, dass die Pflanze sogar im Winter sporadisch blühte. Jetzt bringt sie neue Blüten hervor. Anscheinend sind manche Stiefmütterchen zweijährig (wer hätte das gedacht?). Meine »Magenta Extrem«, wie ich sie nenne, schmückt sich mit einem schönen Frühlingsflor, bevor sie zum Sterben verurteilt ist. Übrigens hat die »Extrem« Gesellschaft bekommen – ein gelbes Stiefmütterchen von meinem Nachbarn Dan stand vor ein paar Tagen vor der Tür. Meine Penthouse-Stockwerk-Mitbewohner sind offenbar wild entschlossen dafür zu sorgen, dass mir die Stiefmütterchen nicht ausgehen.

Nun zu den Rosen. Rosa-rötliche, pickelkleine Knubbel schwellen an den Trieben und versprechen die Gewissheit neuer Blätter. Die Rosen auf der Südseite haben sogar schon welche ausgebildet. Der März ist für meine Rosen Aufbruchzeit. Für mich heißt das, dass ich mir die Schere greife und die vertrockneten Blüten und verschrumpelten Hagebutten abschneide, die vom letzten Herbst übrig sind. Dann entferne ich das trockene, verfärbte Holz, das den Winter nicht überstanden hat, und anschließend alle nach innen wachsenden Triebe, die sich gegenseitig in die Quere kommen oder sich aneinander reiben. Wenn eine Rose im Frühjahr aus dem Schlaf erwacht, muss man sie so stutzen, dass ihre Mitte offen ist. Neue sich kreuzende Äste und Wirrungen entferne ich, so wie sie auftreten im Lauf des Sommers. Dieses

Jahr stecken all meine Rosen voller Energie. Im letzten Frühjahr hatte ich mehrere Ausfälle, deren tote Wurzelmassen ich aus den Töpfen zerren musste.

Wow – der Sommerflieder, meine lavendelfarbene Buddleia mit den orangefarbenen Augen. Jeden März kommt die etwa einen Meter hohe, leicht überhängende ›Nanho Purple‹, die mich und die Schmetterlinge im letzten Sommer so entzückte, meinen Absichten zuvor, ihr einen Frühlingsrückschnitt zu verpassen. Meiner Meinung nach ist es die reine Energieverschwendung, dass sie bereits an der ganzen Länge ihrer Zweige graublaue Blätter hervorgebracht hat. Falsch sogar! Der lässig-lockere Plan der Natur für die Pflanze, die mich immer überrumpelt, würde sie hoch, sparrig und struppig aussehen lassen. Meine Aufgabe ist es, das ganze Ding auf etwa fünfzehn Zentimeter zurückzustutzen, eine drastische Maßnahme, die aber neues Wachstum von unten herauf fördert. Ich mache mich mit Schere und einer japanischen Zugsäge an die Arbeit. Nach einer Minute des Zögerns – kann sich die Natur wirklich derart irren bzw. so wenig Ahnung von menschlichen Vorstellungen von Ästethik haben? – mache ich mich entschlossen ans Werk und fange an zu schneiden und zu sägen.

Eine schnelle Kontrolle der beiden Schwertlilien ›Batik‹ und ›Ruffled Velvet‹ und einer dritten, deren Namen ich vergessen habe. Sie sind für mich »Musterpflanzen«, dazu bestimmt, in Einzelkübeln zu wachsen, weil ich nur Platz für eine Schwertlilie pro Topf habe. Wer pflanzt nur eine einzige Schwertlilie in einen Topf? Ein Balkongärtner natürlich. Ich biete beliebten Schönheiten, die nur im Frühling blühen, und dazu noch nur kurz, nur selten Platz auf meiner Terrasse, aber nachdem ich mein ganzes Leben lang Geld für Schwertliliensträuße ausgegeben hatte, wollte ich endlich selbst welche haben. Die spitzen Blätter sehen gesund und kräftig aus. Eine Sekunde mal – wo ist die ›Ruffled Velvet‹? Ah, da drüben.

Die *Solidago* ›Little Lemon‹, eine nur knapp dreißig Zentimeter hohe, in Israel gezüchtete Goldrute, die ich im Herbst vor fünf Jahren auf die Nordseite der Terrasse pflanzte, kommt allmählich. Ausgehend von den Blütenähren des letzten Jahres – der August ist ihr Hauptblütemonat – werde ich den Topf ein Stück verrücken, damit die kleine Goldrute die trägen Nachmittagsstrahlen der Frühlingssonne abbekommt.

Nun zu einer schwierigen Aufgabe. Ich begutachtete meine Lieblingshortensie, die ›Nikko Blue‹, die wegen des eigenartigen Wetters, das die Stadt heimsuchte, seit zwei Jahren im Genesungsmodus ist, und inspiziere sie auf Winterschäden. Die ›Nikko‹ zeigt mir viele gesunde Knospen, aber auch welche, die hoffnungslos verschrumpelt sind. Der riesige Kübel steht in einer der Zickzackecken, so dass ich nicht um ihn herumgehen kann, also beuge ich mich vorsichtig vor, um an den hinteren Trieben zu arbeiten. Dann hole ich meine Baumschere mit dem Teleskopstiel und den Zugbändern, um tiefer vorzudringen. Die Zugbänder verheddern sich leicht und machen mir Angst, ich könnte die Kontrolle über das Ding verlieren, denn sobald die Knospen der ›Nikko‹ anschwellen und anfangen, sich zu öffnen, kann es schnell einmal vorkommen, dass man sie aus Versehen abreißt. Und genau das passiert auch oft.

Neues Wachstum ist so empfindlich.

Das Mädchenaugenbeet an der westlichen Flanke meiner Terrasse schläft noch. Die *Coreopsis verticillata* lassen sich gern Zeit damit, ihre grünen Blattrosetten aus den sich immer weiter ausbreitenden Wurzeln hervorzubringen, aber wenn es so weit ist, werde ich die toten Stängel des letzten Jahres abdrehen und ausreißen. Das ist keine angenehme Aufgabe. Es sind so viele alte Stängel und so viele neu sprießende grüne Blattrosetten, die ich aus Versehen mit herausziehen könnte, wenn ich nicht sehr vorsichtig bin.

Auf der Südseite bohren sich die rotweinfarbenen Triebe der Pfingstrose ›Edulis Superba‹ aus der Erde. Ich werde die abgestorbenen alten Stängel vorsichtig herauszupfen und eine Schicht getrockneten Kuhdung in den Kübel einarbeiten, sobald die neuen Triebe größer und grün geworden sind. Den Rosen werde ich eine frische Schicht Erde gönnen. Auch die Taglilien werden mit neuer Erde aufgefüllt. Aber erst muss ich ein bisschen fegen. Es ist unglaublich, wie viel Laub und Plastik- und Papierfetzen sich im Lauf des Winters hinter meinen Töpfen ansammeln.

Ich komme erneut an der Kletterrose vorbei und bemerke mehrere vorwitzige grüne Pflänzchen, die nicht in ihren Kübel gehören. Weg mit ihnen, diesen Invasoren, was immer sie auch sind oder werden mögen. Unkraut auszurupfen ist etwas ganz Automatisches, fast Unbewusstes. Sieh es und reiß es aus! Für mich gibt es kein auf allen Vieren auf dem Boden Herumkriechen wie bei normalen Gärtnern; die Höhe meiner Pflanzbehälter macht das Jäten zu einer relativ leichten Aufgabe. Aber es ist unheimlich, wie sehr einige Unkräuter den Schösslingen der Stauden ähneln, die ich so liebevoll hege und pflege. Ich muss die Taglilien, die Glockenblumen und die Mädchenaugen sehr aufmerksam auf Betrügerpflanzen untersuchen, wie ich sie nenne. Ihnen den Garaus zu machen ist das Höchste an Befriedigung, es verschafft mir meine schönsten »Ha, hab ich dich«-Momente.

Oh, nein! Ein hoher Trieb der Kletterrose hat sich von der Mauer gelöst. Die Nägel sind noch an Ort und Stelle, aber was ist aus den Plastikschnüren geworden? Ein Trieb, der sich aus seiner Befestigung gelöst hat, ist eine bei einer vom Wind gebeutelten Kletterrose häufig vorkommende Katastrophe. Ihn wieder festzubinden verlangt, dass ich meine marode hohe Leiter aus dem Verschlag unter dem Überhang auf der Nordseite hole, sie vorsichtig, so dass sie die jungen Blätter der Rose nicht beschädigt, an die Wand auf der Südseite lehne und, so hoch es geht, an mein Ziel heransteige, ohne das Gleichgewicht zu verlieren. Ich habe zwar auf dieser alten Holzleiter noch nie das Gleichgewicht verloren, lege aber auch keinen Wert darauf, dieses Kunststück heute zu vollbringen. Okay, ich mache es morgen. Obwohl – eigentlich sollte ich es heute machen.

Autsch. Ich habe die Holzleiter geholt und mir gleich mehrere Splitter in die Hand eingerissen. Wirklich, ich hätte das blöde Ding schon vor Jahren ausrangieren sollen. Also rufe ich bei der Eisenwarenhandlung an und bitte darum, mir, wenn irgend möglich, noch am selben Abend eine Fiberglasleiter zu liefern. Und ich kann nur hoffen, dass die Splitter sich lösen, wenn ich meine Hände in Wasser mit Epsom Salz einweiche.

Verdammt, das hier ist nicht der richtige Augenblick, sich über ein paar Splitter aufzuregen. Eine weitere Krise verlangt meine sofortige Aufmerksamkeit. Ich bin schon seit Stunden auf der Terrasse zugange und sehe erst jetzt, dass mehrere der Töpfe gefährlich trocken sind. Der Schlauch hängt zusammengerollt im Schuppen, wo ich ihn für den Winter neben der wackligen Leiter untergebracht hatte. Ihn anzuschließen ist definitiv eine Aufgabe für morgen: er muss abgerollt und an den Außenhahn angeschlossen werden, der im Inneren der Wand in eine Steigleitung fürs Badezimmer führt. Heute werde ich die Gießkanne am Küchenbecken füllen und viele Male mit meiner lebenserhaltenden Gabe durch die Wohnung traben.

Der März macht mich so glücklich. Hier ein Gruß von Emily Dickinson, der großen, einsiedlerischen Dichterin – und Gärtnerin – aus Amherst, Massachusetts:

Freund März – tritt ein –
Wie bin ich froh –
Hab schon auf dich gehofft –
Den Hut setz ab –
Kamst du zu Fuß –
Du bist ganz atemlos –
Mein lieber März, wie geht's, wie steht's –
ist die Natur wohlauf –
Ach März, komm gleich die Treppe hoch –
Hab dir so viel zu sagen –[1]

Ein freudvolles Gedicht, geprägt von Dickinsons unkonventioneller Zeichensetzung, das meine Gefühle exakt widerspiegelt. Außer dass der März manchmal erst im späten April kommt, und manchmal sogar erst im späten Mai.

1 Das Gedicht »Freund März« von Emily Dickinson wurde freundlicherweise von Heidi Zerning für diesen Band übersetzt.

Das Element Wasser

Für ländliche Anwesen empfehlen Gartenplaner gern »das Element Wasser«, weil es fürs Auge interessant ist, Bewegung bringt und außerdem so beruhigend plätschert. Denkbar sind das Ausheben und Auffüllen eines Teichs oder Sees oder die Anlage eines terrassierten Wasserfalls oder eines Bachlaufs. Ein Brunnen, der das verwendete Wasser recycelt, wird gern für kleine Stadtgärten empfohlen. Das Wasser, das meinen Garten zu etwas Besonderem macht, ist ein breiter Streifen des Hudson, den ich – was für ein Privileg – von meiner Terrasse aus sehen kann

Auf seinem Weg vorbei an der Insel Manhattan bildet der Hudson die geographische Grenze zwischen New York und New Jersey und verschafft mir eine Grußbekanntschaft mit den wild wuchernden Skylines von Hoboken und Jersey City. Im Gegenzug können die Bewohner von Jersey die Skyline von Manhattan aus ihrer Perspektive bewundern. Nach Norden zu kann ich zudem ein kleines Stück der Palisades sehen, der schroffen Felswände am Ufer des Hudson, die im Trias geformt wurden, allerdings werden sie zunehmend von neuen Hochhäusern auf beiden Seiten des Flusses verdeckt.

Nach Süden zu sehe ich, wie der Fluss immer breiter wird und sich schließlich in die glitzernde Upper Bay des Hafens von New York ergießt, einst das Herz des kommerziellen Umschlaghafens von New York und New Jersey. Eine kleine Insel in der Bucht gehört der »Lady«, wie Verkehrskontrolleure und Hafenmeister die Freiheitsstatue benannt haben. Kein anderer Anblick hat mehr Hoffnungen geweckt, ein so starkes Gefühl von Sicherheit vermittelt oder ist auf unkonventionelle Weise schöner als ihre einzigartige Gestalt, die Fackel hoch erhoben, um Einwanderer, die auf der Suche nach einem besseren Leben den langen Weg über den Atlantik auf sich nahmen, willkommen zu heißen. Natürlich sehe ich die amerikanische Freiheitsikone nur aus der Ferne. Ich kann den hochgereckten Arm und die Fackel erkennen, den gezackten Helm und die Falten ihres Gewands, aber die Details ihres wachsamen Blicks und ihrer besorgt gerunzelten Stirn kann ich nur nach Postkarten und aus dem Gedächtnis beschreiben. Selbst an Tagen mit schlechter Sicht fühle ich mich sicher in dem Wissen, dass die Lady den Hafen bewacht. Jenseits der Biegung der Küste, meinen Blicken bereits entzogen, beendet der Hudson seine Reise, die er weiter nördlich in den Adirondacks begann, indem er sich mit dem East River und anderen städtischen Gewässern vereint, um in den Atlantik zu fließen.

Manhattans Ufer haben keine große Ähnlichkeit

mehr mit dem aktiven Hafen, den es einst hier gab. In der zweiten Hälfte des zwanzigsten Jahrhunderts, als Flugzeuge anfingen, schnelle und bezahlbare Reisemöglichkeiten zu bieten, schwanden die Luxusdampfer mitsamt ihren Terminals. Ein weiterer Schlag war, dass die automatisierten Docks von Newark Bay Containerschiffe von Manhattans arbeitsintensiven Frachtpiers weglockten. In eben dieser zweiten Hälfte des letzten Jahrhunders geriet der Hudson zudem, und zwar verdientermaßen, in den Ruf, eine stinkende, völlig verdreckte Brühe zu sein, ein Katastrophengebiet aus Industrieabfällen, Giftstoffen, toten Fischen, verlorenen Laichplätzen und ungeklärten Abwässern. Der Held der Linken, Folksänger Pete Seeger, machte es zu einem seiner Anliegen, den Fluss wieder sauber zu bekommen. Sein Schiff, die *Clearwater*, war eine Inspiration für andere Umweltaktivisten, die eine wahre Flut von Gerichtsverhandlungen lostraten, um das Denken der Regierung hinsichtlich ihrer Verantwortung für Flüsse und überhaupt das Leben im Wasser zu verändern.

Heutzutage sind die größten Schiffe, die einen viel saubereren Fluss befahren, die riesigen, in leuchtendbunten Farben gestrichenen Kreuzfahrtschiffe der Linien Norwegian, Carnival, Holland American und Princess, die von innerstädtischen Terminals zu kurzen Karibikkreuzfahrten auslaufen. Kleineren Wasserfahrzeugen teilen sie ihr Kommen durch ein sonores Tuten mit, das mich jedes Mal bei allem innehalten lässt, was ich gerade tue, um sie vorbeiziehen zu sehen. Eine Zeitlang gab es Disney-Schiffe, die im stockenden Rhythmus eines Kindes an der Kirchenorgel »When you Wish upon a Star« aus dem Film *Pinocchio* spielten.

Kleinere Boote befahren die blaugrauen Wasser des Hudson hoch und runter und kreuz und quer und hinterlassen ihre eigenen weißen Kiellinien. Tourenboote der Circle Line und der Spirit of New York gleiten an den zahlreichen hoch aufragenden Gebäuden von Manhattan vorbei, gedrungene Pendlerfähren tuckern nach Staten Island und wieder zurück, Ausflugsboote bringen Touristen nach Ellis und Liberty Island. Ich sehe Öltanker und Zementbarken, begleitet von Schleppbooten, Privatyachten und Fischerboote, weiße Segelboote mit geblähten Segeln, gelbe Wassertaxen, Ruderboote, Kajaks und Kanus, und prahlerische Feuerlöschboote, die ihre Löschkanonen testen. Schnittige Schnellboote aus Fiberglas rasen in abnehmender Zahl vorbei. Einmal sah ich ein geisterhaft graues Schlachtschiff, das vielleicht auf dem Weg war, verschrottet zu werden. Bei der Parade großer Schiffe aus aller Welt zu Ehren der Zweihundertjahrfeier im Jahr 1976 hatte ich die Wohnung noch nicht ergattert, aber ich war bereits im Besitz meiner privaten Aussichtsplattform, als die größere Parade der Barken und Brigantinen stattfand, die zu

Ehren der Hundertjahrfeier der Freiheitsstatue ein Jahrzehnt später zusammenkamen.

Ich bin jedes Mal begeistert, wenn ich die Flut »rückwärts« den Fluss hinauflaufen sehe, was sie zweimal täglich für über sechs Stunden tut, wobei sie Salzwasser aus dem Ozean nach Norden trägt. Wenn der Wind landeinwärts weht, kann ich das Salz riechen. Nachdem der Fluss nach Norden geflossen ist, verändert er die Richtung und fließt für den gleichen Zeitraum wieder nach Süden. Die mächtigere Südströmung trägt Süßwasser ins Meer. Und dann wiederholt sich der Zyklus bis in die Nebenflüsse des Hudson. Eine gute Kenntnis der Strömungen ist wichtig für die Navigation von Booten; ich selbst beobachte nur das Geschehen an der Oberfläche.

Auch am Himmel ist eine Menge los, und vieles davon finde ich unerfreulich. Meine persönliche Wasserlandschaft liegt mitten im einem Luftkorridor für Kleinflugzeuge und Hubschrauber auf den unterschiedlichsten Missionen; sie befördern Touristen und Pendler aus dem Finanzdistrikt, machen Werbung für alle möglichen Produkte, übernehmen die Sicherheitsüberwachung bei Veranstaltungen mit prominenter Beteiligung. Offiziell Hudson River Flyway genannt, umfasst der Korridor die fünfzehn Meilen zwischen George Washington und Verrazano Bridge, wo sich der Fluss durch die Meerenge »The

Narrows« zwängt, um den Ozean zu erreichen. Aus Sicherheitsgründen sind kleine Flugzeuge angewiesen, unter 400 Metern zu fliegen, während die großen Flugzeuge den Himmel in 10 000 Metern und höher beherrschen. Piloten kleiner Flugzeuge sollen die sogenannten »Sichtflugregeln« befolgen – über dem Wasser bleiben, sich am Ufer orientieren, ihr Funkgerät auf eine Frequenz für Verkehrsmeldungen einstellen. Die Flugzeit durch den Korridor dauert in einer Richtung sieben Minuten, sofern der Pilot nicht in der Nähe der Freiheitsstatue trödelt. Einmal sah ich einen Wochenendkrieger in einem Doppeldecker – diese Idioten werden Wochenendkrieger genannt – Richtung Inland abbiegen und »zum Spaß« um ein Gebäude schwirren.

Am 11. September 2011, einem Dienstag, trank ich morgens meinen Kaffee und las die Zeitung, als ein Freund um 9 Uhr anrief: *»Geh ans Fenster – im Radio sagen sie, dass ein Kleinflugzeug ins World Trade Center gekracht ist.«* So lautete die erste Meldung über die von Terroristen entführten Flugzeuge. *»Anscheinend hat es die Kontrolle verloren …«* Ich sah aus dem Fenster, über die Rosen und die Weiten von Greenwich Village hinweg zu den gigantischen Zwillingstürmen, die überproportional hoch über dem Rest der Skyline von Lower Manhattan aufragten. Der obere Teil eines der Türme stand in hellen Flammen. Während ich noch fassungslos schaute, stürzte sich ein zweites Flugzeug in den anderen Turm. *Oh, mein Gott!*

Der erste Turm brach um 10 Uhr zusammen, der andere fiel eine halbe Stunde später. Alles war surreal, wie in Jean Cocteaus *Das Blut eines Dichters*, einem Schwarzweiß-Stummfilm, in dem immer wieder Bilder eines in sich zusammenstürzenden Fabrikschornsteins zu sehen sind. Der Farbfernseher in meinem Schlafzimmer zeigte immer wieder die Bilder der einstürzenden Zwillingstürme. Sirenen heulten, Krankenwagen rasten vom Saint Vincents Hospital nach Süden, um überlebende Verletzte einzusammeln. Um 20:30 Uhr richtete der Präsident das Wort an die Nation. Bis dahin war die Luft erfüllt vom Staub pulverisierter Menschen, und meine Wohnung war voller gestrandeter Freunde, die nicht nach Hause konnten. Einige übernachteten bei mir.

Tut mir leid, dass ich mich in einem Gartenbuch über den 11. September ausgelassen habe, aber ich konnte nicht schweigend über das hinweggehen, was ich an jenem Tag von meiner Terrasse in der Nähe des Hudson sah.

Hubschrauberrundflüge sind für Unternehmer auf beiden Seiten des Hudson zu einem unglaublich profitablen Geschäft geworden. Ich höre den Krach der Motoren und der sirrenden Rotorblätter, lange bevor die Dinger in Sicht kommen. Das Geräusch erfüllt mich mit Ängsten aus einer anderen Zeit: es erinnert mich an die schwirrenden Huey Kampfhubschrauber aus dem Vietnamkrieg, die ich jeden Abend in den Fernsehnachrichten sah. Ich bin nicht die Einzige, die die Hubschrauber hasst. Sie haben einen extrem hohen Kohlendioxidausstoß, und einige Umweltgruppen und gewählte Politiker verlangen, sie total zu verbieten. Ich wünsche ihnen viel Glück.

Ein seltener, aber wundersamer Anblick in kalten Wintern, wenn die Temperaturen längere Zeit unter dem Gefrierpunkt lagen, sind die Eisformationen an den beiden Ufern des Flusses, die aussehen, als wollten sie sich in der Mitte treffen und die mich davon träumen lassen, auf Schlittschuhen nach New Jersey zu laufen. Aber die zerklüfteten Schollen treffen nie zusammen. Falls sie es täten, würde die Eispatrouille der Küstenwache sie umgehend aufbrechen, um den Schiffsverkehr in Gang zu halten. An bedeckten, diesigen Sommervormittagen bietet der Fluss einen weiteren wundersamen Anblick: er wird zu einer langen grauen Glasscheibe, zu einem Spiegel, der die hohen Gebäude am anderen Ufer widerspiegelt.

An Sommerabenden schießen hier und da unerwartet Feuerwerkskörper in die Luft, zur Unterhaltung geladener Gäste auf einem Vergnügungsboot von einem nahe gelegenen Kahn abgeschossen. Derartige Feuerwerke werden von Leuten bezahlt, die irgendetwas – eine Hochzeit, eine Verlobung, einen Jahrestag, einen Geburtstag – mit großem Getöse feiern wollen. Allein die Genehmigung kostet 50 000 Dollar. Auch die Gay Pride Week im Juni endete früher immer mit einem Feuerwerk von einem Kahn, der genau vor mir lag.

Nach all den vielen Jahren bin ich ein bisschen übersättigt, was diese Flussfeuerwerke angeht. Das liegt daran, dass die beste Veranstaltung, die den Himmel zum Erstrahlen bringt, das jährliche Macy's-Feuerwerk am 4. Juli ist, das oft, aber nicht immer, synchron von vier Booten zwischen Chelsea und den Mitte-Vierziger-Straßen abgefeuert wird. Seit ich meine Penthousewohnung bezog, verwandelt Macy's Geschenk an die Stadt mich jeden 4. Juli in eine Partygastgeberin mit allen dazugehörigen Ängsten, die man nun einmal hat, wenn man eine Gartenparty veranstaltet. Wird es regnen und alles im wahrsten Sinn des Wortes ins Wasser fallen? Das passierte an allen Vierten, die Macy's und ich veranstalteten, nur zwei Mal. Der meiner Meinung nach schönste Moment des Abends kommt aber erst nach dem großen Finale, nach dem letzten Pfeifen und Knallen explodierender Chrysanthemen, Pfingstrosen, Ringe, Herzen und Palmen (und nach den letzten *Ooohs* und *Aaahs* meiner Gäste), wenn Hunderte von Vergnügungsbooten, die sich auf dem Fluss versammelt hatten, um sich die Show aus dieser Perspektive anzusehen, in der plötzlich stillen Dunkelheit nach Hause fahren.

Ich kann von Glück sagen, dass ich immer noch so

viel vom Hudson sehen kann. Jedes Jahr schießen ein paar weitere Hochhäuser zwischen dem Fluss und mir in die Höhe, auf Gründstücken außerhalb der geschützten Zone des historischen Distrikts von Greenwich Village, die früher Fabriken und Schlachthäuser beherbergten. Die Stadt und diverse Privatinteressenten haben große Pläne für die maroden früheren Arbeitspiers auf Holzpfeilern. Pier 52 wurde bereits abgerissen, um einem Amphitheater Platz zu machen, das in den Fluss hineinragen wird. Pier 40, das einen Fußballplatz, Tennisplätze und Hundeausläufe beherbergte, ist noch zu haben. Das Whitney Museum hat sein neues Zuhause auf einem Fleischverarbeitungsgelände genau vor meinen Augen errichtet. Nachdem das kunstvoll gestaltete Gebäude eröffnet worden war, erwärmte ich mich schweren Herzens für den Gedanken, ein Museum ganz in meiner Nähe zu haben, und wurde Mitglied, *obwohl das verdammte Ding mir ein Stück meines Flusses verstellt.*

Es ist ein Axiom städtischen Lebens, dass Leute in Hochhäusern mit unglaublichen, aber nicht geschützten Aussichten feststellen, dass ihr Blick von neueren und höheren Gebäuden verstellt wird. Niemand schuldet mir einen weiten Blick auf den Hudson. Eines Tages, vielleicht noch zu meinen Lebzeiten, wird es von dieser Terrasse aus vielleicht überhaupt keinen Blick auf den Fluss mehr geben.

Um Ralph Waldo Emerson ungefähr aus dem Jahr 1846 zu zitieren: »Wer wird nicht an das Fließen aller Dinge erinnert, wenn er in einer besinnlichen Stunde einen Fluß betrachtet?«[2]

2 Ralph Waldo Emerson: *Die Natur*, Ausgew. Essays. Hg. v. Manfred Pütz, Stuttgart 1982, Reclams Universal-Bibliothek Nr. 3702, S. 102.

Scheffelweise Pfirsiche

Bob, der immer gut gelaunte Besitzer des Gartencenters in der Canal Street, schleppte mich auf die schmale Südseite meiner Terrasse und deutete auf eine Ecke. »Die Stelle da schreit geradezu nach einem Baum.«

»Ach ja? Viel Platz ist aber nicht, oder?« Mit weniger als zwei Metern Hypothenusenlänge lag die Ecke vor meinem Schlafzimmerfenster und einer der Terrassentüren. Bobs Leute hatten auf der Westseite bereits drei Birken gepflanzt und den in Sackleinen eingeschlagenen Wurzelballen eines Zierapfels in seinem Kübel auf der Nordseite versenkt. Ich war ein absoluter Neuling in Sachen Gärtnern und plötzlich überreich an Bäumen. Das alles ging mir ein bisschen zu schnell. Ich fühlte mich überfordert.

»Ein Züchter hat mir gerade einen Zwerg-Pfirsich geschickt. Angeblich ist es ein Elberta.«

Elberta war das Zauberwort. Für mich gibt es auf der ganzen Welt nichts Besseres als einen würzigen, saftigen Elberta mit dem leicht herauslösbaren Stein. Für Pfirsichzüchter und Pfirsichesser ist der Elberta das Maß, an dem sich alle anderen Pfirsiche messen lassen müssen. Heute kann ich Ihnen dank einiger Recherchen verraten, dass der Elberta nach dem Bürgerkrieg auf einer Plantage in Georgia gezüchtet und perfektioniert und nach der Frau des Züchters benannt wurde. Ich hatte noch nie von einer Zwergversion gehört, konnte aber aus dem Gedächtnis das Bild eines voll ausgewachsenen Baums hervorkramen, der den Garten hinter einem Haus in dem Brooklyner Viertel, in dem ich aufwuchs, beherrschte. Sowohl Kinder als auch Erwachsene versammelten sich in der Auffahrt des Besitzers, um das Wunder anzustarren, wenn die Früchte reif wurden.

»Bob, würde dieser Zwerg denn wirklich Pfirsiche hervorbringen? Richtige, ausgewachsene Pfirsiche?«

Er zuckte mit den Schultern. Bob übertrieb nie. Er wusste, dass der Erfolg des Baumes davon abhing, als was für eine Gärtnerin ich mich erweisen würde. »Tja«, sagte er schließlich. »Auf jeden Fall hättest du ein interessantes Gesprächsthema.«

Ich brauchte kein Gesprächsthema. Aber der Gedanke daran, die Vorfreude darauf, in einen saftigen Pfirsich zu beißen, den ich selbst liebevoll hochgepäppelt hatte, einen weichen, süßen, saftigen gelben Pfirsich, aus dem roter Saft tropfte, war unwiderstehlich.

Ein paar Tage später brachten mir Bobs Leute ein mickriges kleines Bäumchen, pflanzten es in einen viereckigen Trog, der sich genau in die Ecke schmiegte und sicherten das junge Ding mit Abspanndrähten gegen den Wind. Es sah nicht aus, als sei es der Aufgabe gewachsen, sich zu einem richtigen Pfirsichbaum zu entwickeln, aber schließlich hatte ich noch nie ein junges Pfirsichbäumchen gesehen.

Meiner Meinung nach machte das Bäumchen in den ersten beiden Jahren so gut wie gar nichts, und ich überlegte schon, ob ich mich von ihm trennen sollte. Dass sich seine Wurzeln in dieser Zeit tief in die Erde hineinwühlten und dort so ausbreiteten, wie sie es sollten – auf diese Idee kam ich nicht einmal. Gärtnerneulinge denken nur selten an die Dinge, die unter der Oberfläche vor sich gehen oder verstehen, wie wichtig sie sind. So auch ich. Versessen auf Leistungen über der Erde, pflanzte ich ein Dutzend Zwiebeln der Mini-Narzisse ›Tête à Tête‹ rund um den mickrigen Stamm und rammte die fleischigen Wurzeln einer Clematis in eine Ecke des Rotholztrogs, womit ich zweifellos für Verwirrung unter den konkurrierenden Wurzelsystemen sorgte. Die kleinen gelben Narzissen machten sich im ersten Jahr sehr schön und nickten und winkten sich gegenseitig zu. Die Clematis ›General Sikorski‹ bildete zwei kräftige Ranken aus, die ich am schmiedeeisernen Geländer festband. Sie produzierten lange Knospen, die sich zu großen, blau-violetten Blüten mit zarten roten Streifen und gelbbraunen Staubgefäßen entfalteten. Der Pfirsich sah mickrig und schlecht gelaunt aus.

Im dritten Frühling produzierte er eine bescheidene Anzahl Blüten. Im Anschluss an diese Leistung brachte er eine überraschende Zahl glänzendgrüner länglicher Blätter hervor, die unverkennbar das Laub eines Pfirsichbaums waren. Im Spätsommer konnte ich mich dann über sechs fantastisch große, saftige Pfirsiche freuen. Echte Elbertas mit leicht auslösbarem Stein. Das Wunder hatte begonnen. Ich fing an, alles zu lesen, was ich über Pfirsiche finden konnte. Ein Pfirsich braucht anders als Äpfel oder Birnen zur Befruchtung keinen Partner, was unter Obstbäumen eine Seltenheit ist. Ein selbstfruchtbarer Baum ist ideal, wenn nur begrenzt Platz zur Verfügung steht, und ein Zwergbaum ist perfekt. Vom ausgezeichneten landwirtschaftlichen Beratungsdienst der Cornell University ließ ich mir eine Studie über Pfirsichanbau schicken und erfuhr, dass Pfirsiche am besten an Südhängen wachsen. Genau die Bedingungen, die ich mehr oder weniger bieten konnte. Dann blätterte ich weiter und las vom sogenannten »Junifall«, womit, zumindest intellektuell, ein neues Rätsel gelöst war, dem ich begegnet war.

In der Welt der Obstbäume steht der Junifall für das Prinzip des Überlebens des Stärkeren. Ein Pfirsichbaum setzt nämlich weit mehr Früchte an, als er zur Reife bringen kann, und so kommt es, dass im Juni viele der kleinen, harten, grünen Pfirsiche das Feld räumen und zu Boden fallen, damit der Rest reifen kann. Natürlich bedeutet »zu Boden fallen« auf einer hochgelegenen Terrasse in Manhattan etwas völlig anderes als in einem Obstgarten. Einige meiner harten grünen Knubbel plumpsten 20 Stock tief auf die Straße. Ein gewisser Prozentsatz landete auf der Terrasse einer Nachbarin unter mir. Ich spielte mit dem Gedanken, den Baum während der jährlichen Junifall-Krise in ein Netz zu hüllen, aber die Idee war schwer umzusetzen, und außerdem würde so ein Netz hässlich aussehen. Im Rahmen einer Verschönerungsaktion entfernte ich sogar die Abspanndrähte, die den Baum am Geländer festhielten. Er war jetzt auf sich allein gestellt, und ich geriet immer mehr in den Ruf, eine rücksichtslose Nachbarin zu sein.

In seiner Glanzzeit produzierte mein freigiebiger Baum weit mehr als nur einen Scheffel Pfirsiche pro Sommer. Die Früchte waren absolut wundervoll – echte Elbertas –, obwohl die rote Haut ein kleines bisschen zu dick war, eine Schutzreaktion gegen den Wind, dem sie ausgesetzt gewesen waren. Ab und zu einmal entdeckte ich eine winzige Verletzung an einem der Pfirsiche – vielleicht hatte ein Vogel daran herumgepickt und dann festgestellt, dass Pfirsiche nicht seinem Geschmack entsprachen.

Mein gewaltigstes Problem war taktischer Art. Alle Pfirsiche reiften während einer einzigen hektischen Woche im August und mussten schnellstmöglich geerntet werden. Ich erstand einen professionellen Obstpflücker mit langem Stiel und meisterte schon bald die Drehung des Handgelenks, die den Pfirsich einfängt und sicher nach unten bringt. Ich lud Freunde ein, zu meinem jährlichen Erntefest vorbeizukommen. Ich verschenkte körbeweise Pfirsiche an das Personal im Haus. Ich machte Pfirsichtorten und Pfirsicheis. In einem Buch über das Einmachen fand ich ein Rezept für Pfirsich-Chutney mit Rosinen, Ingwer und Senfkörnern. Mein Rezept für Pfirsichmarmelade stammte aus einem sehr genauen Buch des französischen Meisters der Süßspeisen, Gaston Lenôtre. Kurz gesagt mischt man Pfirsichstücke mit Zucker und lässt sie über Nacht ziehen, am nächsten Morgen nimmt man den Sirup, der sich gebildet hat und kocht ihn auf, fügt die Pfirsichstücke und Vanilleschoten hinzu, kocht das Ganze weitere zehn Minuten, rührt Zitronensaft ein, nimmt den Topf vom Herd und füllt die Marmelade unverzüglich in sterilisierte Gläser. Eine ganze hektische Woche im August war ich ausschließlich damit beschäftigt, Pfirsichen die Haut abzuziehen, sie zu entsteinen, in Zucker einzulegen, wobei die Schüsseln das ganze Wohnzimmer füllten, mit einem Holzlöffel in Töpfen herumzurühren und das Ergebnis in niedliche kleine Mason-Gläser zu füllen.

An diesem Punkt meines erfüllten Lebens mit Pfirsichen hatten die schlanken grauen Gliedmaßen und länglichen grünen Blätter meines Zwergbäumchens das Dach erreicht, so dass die Früchte an den höchsten Ästen leicht vom Personal des Hauses gepflückt werden konnten. Ich fand es nur fair, wenn ein Portier sich über die Brüstung beugte, um sich einen Pfirsich zu angeln, aber das beharrliche Streben des Baums nach oben und nach außen war beängstigend. Schwer beladene Äste hingen weit über die Terrasse hinaus und waren sogar für meinen Obstpflücker nicht mehr erreichbar, nicht einmal, wenn ich mit dem Ding in den Trog kletterte und mich so weit reckte, wie es nur irgend ging, um die Handgelenkdrehung durchzuführen. Nach einer allzu reichen Ernte kaufte ich mir eine japanische Baumsäge und sägte einige der höchsten Äste ab. Vielleicht hätte ich noch mehr absägen sollen.

Ich muss gestehen, dass es während der jährlichen Ernte gelegentlich vorkam, dass ein reifer Pfirsich mir entwischte und nach unten fiel. Für gewöhnlich landete er auf meinem eigenen Territorium, aber ab und zu klatschte einer auch zwei Stock tiefer auf die Terrasse einer Nachbarin.

»Die da oben sind unglaublich«, beklagte sie sich bei einem anderen Nachbarn. »Sie beißen einmal in einen Pfirsich und schmeißen ihn dann übers Geländer.«

Die Bemerkung wurde mir zugetragen. In meiner Arroganz hatte ich angenommen, die Nachbarin von unten müsse verstehen, dass reife Früchte nun einmal von Bäumen fallen und ich mein Bestes tat, jeden Pfirsich zu erwischen, bevor er von allein fallen konnte. Meine selbstgerechte Rücksichtslosigkeit jener Tage entsetzt mich heute. Ich selbst erntete wundervolle Pfirsiche, während meine Nachbarin zugematscht wurde. Es wäre so einfach gewesen, ihr als Entschädigung einen Korb Pfirsiche oder ein paar Gläser Marmelade zu bringen. Aber das tat ich nicht. Im Nachhinein ist mir klar, was für eine nette Person diese Nachbarin war. Sie beschwerte sich nie bei der Hausverwaltung, anders als der Miesepeter neun Stock unter mir auf der Nordseite, der mir von seinen Anwälten eine sehr bedrohliche Unterlassungsaufforderung zuschicken ließ, weil die Blüten meines Zierapfels auf seine Terrasse hinuntertänzelten.

In einem Winter, vielleicht im fünfzehnten Jahr meiner wunderbaren Erntezeit, gab es eine extrem lange Kälteperiode. In den Nachrichten wurde in düsteren Tönen davon geredet, dass die anhaltenden Temperaturen weit unter dem Gefrierpunkt die Pfirsichernte in New Jersey gefährden würden. Die großen Obstproduzenten New Jerseys und ich saßen in dieser Hinsicht im selben Boot. Als der Frühling kam, erschienen an den Ästen meines Baums nur ein paar wenige verhärmte Blüten, die sofort abfielen. Der Baum bildete keine Blätter aus. Mein Pfirsich war tot.

Die New Jerseyer Elbertas dieses Jahres waren klein und geschmacklos. In meiner eigenen privaten Hölle hatte ich die traurige Aufgabe, meine elegante japanische Baumsäge dazu zu benutzen, die toten Äste meines Baums zu kappen. Ich tat es in überschaubaren Schritten, zersägte große Äste in kleinere Stücke und schleppte die kläglichen Bündel in den Müllverdichterraum am Ende des Flurs. Den Stamm mit der gewaltigen Wurzelmasse aus dem Rotholzkübel herauszuholen überstieg meine Kräfte. Ich bezahlte einen der Pförtner dafür, mir diese letzte Aufgabe abzunehmen.

Ein Sommerflieder in einem Kunststoffkübel nimmt jetzt die Ecke ein, in der ich einst ein Gesprächsthema und scheffelweise Pfirsiche hatte.

Ein ganzes Feld voller Mädchenaugen

Diese Geschichte hat ein Happyend, daher bitte ich um etwas Geduld. Drei Jahrzehnte lang hatte ich ein ganzes Feld voller goldener Mädchenaugen. Also gut, es war nicht wirklich ein ganzes Feld, es war nur eine lange Rabatte. Meine nadelblättrigen Mädchenaugen, genau gesagt, die Sorte *Coreopsis verticillata* ›Zagreb‹, wuchsen in fünf Nut-und-Feder-Pflanzgefäßen aus Rotholz an der Westseite der Terrasse. Wenn ich an der Schmalseite stand und die Reihe entlangblickte, was ich ziemlich oft tat, hatte ich die Illusion eines riesigen Felds voller Blumen, die sich am Ufer des Hudson im Wind wiegten.

In einem kleinen Garten die Illusion von Weite zu schaffen ist ein ausgezeichnetes Vorhaben. Manche Leute benutzen dafür strategisch platzierte Spiegel oder malen *trompe l'œils* auf eine Wand. Die Idee eines Coreopsisfelds kam mir, nachdem ich mich einen Sommer lang an einer Mischung einjähriger Pflanzen in den schmalen Pflanzkästen erfreut hatte. Die niedrigen, von Steinkraut durchsetzten Zinnien, Dahlien und Ringelblumen sahen fantastisch aus, weckten aber mein Verlangen nach einer Dauerbepflanzung. Damals wollte ich ausschließlich Dauerbepflanzungen. Die Schwärmereien im Katalog von Wayside

Gardens, die von den Mädchenaugen behaupteten, sie besäßen »unermüdliche Blühkraft« und einen »sonnigen Charakter« verleiteten mich dazu, es mit diesen margaritenähnlichen Pflanzen mit dem noch nie gehörten lateinischen Namen zu versuchen.

Sie haben mich nie enttäuscht. Diese ganz gewöhnlichen, in Amerika heimischen mehrjährigen Pflanzen, die an jedem Straßenrand wachsen, enttäuschen praktisch niemanden. In den Katalogen tauchen ständig irgendwelche Neuzüchtungen auf, aber die goldene ›Zagreb‹ ist die, die ich kenne und liebe. Ich wüsste gern, wieso sie den Namen der kroatischen Hauptstadt trägt, habe im Netz aber noch keinen Hinweis gefunden. Eine einzelne Coreopsisblüte reißt einen nicht unbedingt vom Hocker – acht Blütenblätter von bescheidener Größe umgeben ein kleines Blütenkörbchen auf einem kräftigen Stängel. Das Laub wird ›nadelblättrig‹ genannt, ich selbst würde es als farnähnlich oder farnartig bezeichnen. Die Pflanzen verbreiten sich durch Rhizome – unterirdische horizontale Erdsprosse oder Sprossachsen –, die wie bei einem Feuerwerk neue Schösslinge nach oben schicken. Die Blütezeit der Mädchenaugen währt den ganzen Sommer, sofern ich alles Verblühte abzupfe und die Stängel bis zum nächsten Blattansatz abschneide.

Mein Pseudofeld kam bei meinen Freunden sehr gut an. »Weißt du«, sagten sie, »wenn man sich hierhin stellt, hat man den Eindruck, als würden die Blumen direkt am Hudson wachsen.«

»Ich weiß«, antwortete ich dann stolz. »Die Mädchenaugen sind zwar eher bescheidene Pflanzen, aber hier sind sie fast magisch.«

Mein Kampf mit den Mädchenaugen kam jedes Frühjahr, wenn sich die ersten neuen farnartigen Blätter zeigten und es Zeit war, die toten Stängel auszureißen, die ich den Winter über stehen gelassen hatte. Diese Aufgabe erforderte Gartenhandschuhe, zahlreiche Mülltüten und endloses Bücken. Manchmal setzte ich mich auf den Boden, manchmal kniete ich. Für gewöhnlich erledigte ich die Arbeit in kurzen, anstrengenden Schüben über drei Tage hinweg, wobei ich unermüdlich vor mich hin murmelte und fluchte, während ich ausriss und in Säcke stopfte. Ständig wiederkehrende Tätigkeiten sind eine unvermeidliche Pflicht für jeden, der einen Garten hat, es sei denn, man kann auf bezahlte Hilfskräfte zurückgreifen. Einige Arbeiten auf der Terrasse übersteigen meine Kräfte, und ich bezahle andere gern dafür, dass sie sie mir abnehmen, aber die repetitive Arbeit, tote Stängel auszureißen, ist ebenso wie pflanzen, Unkraut jäten, gießen, zurückschneiden und den Boden verbessern meine Aufgabe, sonst könnte ich mich nicht als Gärtnerin bezeichnen.

Jetzt zum traurigen Teil. An einem Hochsommertag verlor ich die fünf Tröge aus Rotholz und ihre liebevoll gehegten Bewohner durch ein furchtbares Missverständnis zwischen John, dem Hausmeister, und einem sogenannten »Bauingenieur«, den die Verwaltung angeheuert hatte und der nicht die geringste Ahnung von nichts hatte und hier ungenannt bleiben soll. Die mit einem Blumenmeer bewachsenen Nut-und-Feder-Behältnisse in absolut perfektem Zustand wurden entsprechend dem New Yorker Lokalgesetz Nr. 11 zerschlagen. Bei diesem Gesetz geht es um potentielle Wasserschäden, und es ist ein Gesetz, das nur wenige verstehen, an das sich aber alle halten müssen. In dem ganzen Durcheinander wurden auch mein Tisch und meine Bank zerschlagen. Leute mit Terrassengärten, seien sie nun Mieter oder Besitzer, haben keinen Anspruch auf Entschädigung und keine Möglichkeit, vor Gericht zu gehen, wenn die Verwaltung sich auf Lokalgesetz Nr. 11 beruft. Machtlos gegen die Zerstörung rettete ich ein Coreopsis-Rhizom und pflanzte es in einen kleinen Topf. Im nächsten Frühjahr schleppte ich meine eingetopfte Taglilien-sammlung dahin, wo vorher mein Blumenmeer gewesen war.

So schön Taglilien auch sind, ihre Blütezeit ist kurz und gestaffelt, und nicht wirklich zueinander passende Einzeltöpfe ergeben nicht die Illusion eines Felds voller Blumen. Auch eine einzige Coreopsis in einem Topf setzt nicht unbedingt Zeichen. John, der Hausmeister, versuchte, mich für meinen Verlust zu entschädigen, indem er mir einen Tisch brachte, den ein Balkonbesitzer im zweiten Stock loswerden wollte, aber mein Kummer ließ sich nicht durch Möbel beschwichtigen. Ein untröstliches Jahr später kehrte ich zu den Coreopsis zurück.

Alles, was dazu nötig war, waren 2000 Dollar (Schluck!), ein weit größerer Teil meines jährlichen Einkommens als vor drei Jahrzehnten. Die Technologie hatte sich verändert und Holz war passé. Bei plantcontainers.com orderte ich fünf Kunststoffwannen, die so strukturiert und gefärbt waren, dass sie verwittertem Backstein ähnelten und die mit vorgebohrten Löchern versehen waren, und füllte sie mit zwanzig Säcken Erde, die mir von der Barney's Eisenwarenhandlung, einer Institution im Viertel, angeliefert wurden. Dann durchstöberte ich die Kataloge, in gedruckter Form und online, auf der Suche nach meiner Ersatz-Coreopsis. Nachdem ich lange über diverse gefranste, geriffelte, rosa, orange und weiße Sorten nachgegrübelt hatte, neue Dies und verbesserte Das mit kastanienbraunen Augen oder burgunderroten Tupfen, entdeckte ich meine liebe alte Freundin ›Zagreb‹ bei santarosagardens.com und bestellte fünfzehn Stück. An einem bewölkten Frühlingsmorgen pflanzte ich sie in einem Zustand der Ekstase ein, je drei der farnartigen Büschel in jede der fünf Wannen aus »verwittertem Backstein«.

Im ersten Jahr war die Entwicklung enttäuschend,

wie üblich bei Mehrjährigen, die länger als Einjährige brauchen, um sich unter der Erde zu entwickeln. Eine klägliche Anzahl stecknadelkopfgroßer Knospen und winziger Blüten ließ mich zu dem Schluss kommen, dass irgendetwas schiefgegangen sein musste. Im zweiten Frühjahr hatten die Rhizome ihre Arbeit getan und sich unter der Erde ausgebreitet und schickten fern der Mutterpflanzen grüne Blattrosetten bis an den Wannenrand. Ich nahm meine alte Arbeit wieder auf, die toten Stängel vom letzten Jahr auszubrechen, und bewegte meine handschuhlosen Hände so vorsichtig wie nur irgend möglich, um die zarten neuen Schösslinge nicht durch Unachtsamkeit auszureißen. Während ich jeden Stängel isolierte und auszupfte, summte ich tonlos vor mich hin: »Augen, Finger, Daumengelenk ... Augen, Finger, Daumengelenk.« Der monotone Singsang und die tastende Intimität des Drehens und Ziehens sorgten dafür, dass ich bei dieser langwierigen Arbeit bei der Sache blieb.

Jetzt liegt es an der ›Zagreb‹ selbst, sich weiter auszubreiten und mit schöner Regelmäßigkeit jeden Sommer eine Vielzahl farnartiger Blätter und leuchtendgoldener Blüten hervorzubringen und sich wieder in eine magische Blumenwiese zu verwandeln.

Anmerkung: Verändern Sie Ihre Körperhaltung während des Frühjahrsputzes bei den Mädchenaugen, sooft es irgend geht. Machen Sie Pausen und recken

Sie sich oder legen Sie sich wie nach einer Gymnastikstunde im Sportzentrum der Länge nach hin. Vergessen Sie das Gießen nicht! Ihre Pflanzen sind von Ihrer plötzlichen Attacke auf ihre begrenzte Welt ebenso erschöpft wie Sie, erholen sich aber schnell, wenn Sie sie durchdringend wässern.

Anmerkung ein Jahr später: Die ›Zagreb‹ müht sich immer noch, zu einem goldenen Feld zu werden. Während der Unterbrechung hatte ich völlig vergessen, dass die ursprüngliche Bepflanzung auch ein paar Jahre brauchte, um die Behältnisse zu füllen, und dass Bienen und Hummeln die Mädchenaugen ebenso lieben wie ich. Ich hatte ihre kamikazeartigen Sturzflüge in die Blüten vergessen, ihr infernalisches *saug-saug-saug*, um an Nektar und Pollen zu kommen – *ein Akt der Aggression, der die Blüten zerstört*. Ich hatte auch vergessen, dass die Bienen sich dabei völlig im Recht fühlen, und ebenso vergessen hatte ich meine unermüdlichen Patrouillen, um die schrumpeligen Überreste der Blüten abzuzwicken.

Bienen lieben es, auf ausgedehnten Blütenteppichen zu landen, wo sie an einer Stelle jede Menge Nahrung finden, und die Mädchenaugen rangieren ganz hoch oben auf der Liste der Blumen, an denen Bienen sich gern gütlich tun. Nur im Flüsterton wird erwähnt, dass Bienen mit ihrer unermüdlichen Nahrungssuche 60 Prozent einer Blütenernte vernichten können. Mein goldenes Feld ist ihr goldenes Feld. Ich schlage nach ihnen; sie zucken zurück und kommen wieder. Ich besprühe den Rand des Felds mit einem intensiv riechenden Insektizid; die Bienen sehen verärgert aus, schwirren ab und kommen wieder. An irgendeinem Punkt, vielleicht wenn sie ihre 60-Prozent-Quote erfüllt haben (ist nur ein Witz), ziehen sie weiter – zu meinen Bartfäden und meinen Glockenblumen und dann zu meinem Sommerflieder, ihrem liebsten Aufenthaltsort. »Wo die Bien' zuschlägt, schlag auch ich.« Ungefähr so kann man es bei Shakespeare nachlesen.

Anmerkung drei Jahre später: Mein Versuch, mein ursprüngliches Coreopsis-Feld nachzubilden, stieß auf zwei Schwierigkeiten. Erstens hatte ich mich in der Höhe der rechteckigen Behältnisse im verwitterten Backsteinlook verschätzt. Sie sind dreißig Zentimeter niedriger als meine ursprünglichen Holztröge, was bedeutet, dass die Mädchenaugen das schmiedeeiserne Geländer kaum erreichen. Aber die dreißig Zentimeter Höhenunterschied sind nicht der Hauptgrund dafür, dass die neuen Mädchenaugen nicht den Eindruck erwecken, am Flussufer zu tanzen. Der Hauptgrund ist die Errichtung hoher Gebäude auf dem Gelände zwischen dem Fluss und mir. Leider kann ich dagegen nicht das Geringste tun.

Der zweite unerwartete Umstand war der entsetzlich kalte Winter 2014/15 und der darauf folgende Nicht-Frühling. Sie dezimierten meine Rosen, meine

Lieblingshortensie und die meisten Rhizome in einem der Coreopsis-Tröge. Ich weiß nicht, wieso dieser eine Trog verflucht war und die anderen nicht, aber so war es. Ich begab mich auf die verzweifelte Suche nach Ersatz – die ›Zagreb‹ steht bei Mädchenaugenliebhabern nicht mehr sehr hoch im Kurs – und fand heraus, dass ebay-Händler alle möglichen Arten von Jungpflanzen verkaufen, darunter auch, welch ein Wunder, meine liebe alte Freundin, die ›Zagreb‹. Ich erstand zehn Stück für versandkostenfreie 18,99 Dollar, was ein sehr annehmbarer Preis ist. In nasses Zeitungspapier eingewickelt und in eine Kleenex-Schachtel verpackt, trafen die Jungpflanzen aus New Jersey im Handumdrehen bei mir ein, begleitet von einer ganzen Seite beängstigender Pflanzanweisungen, die auf nichts anderes hinausliefen als: »Am Abend einpflanzen und regelmäßig gießen.« Ein paar der Sämlinge waren zu mickrig, um die Mühe zu lohnen, aber ich erhielt mehr als genug gute Exemplare für meine Zwecke, und sie entwickelten sich einwandfrei.

Versuchsstationen

Was ich auf meiner Terrasse behalte oder nicht hängt davon ab, was mich begeistert oder kalt lässt oder sich nicht so gut macht, wie ich dachte. Nach mehreren Jahren, in denen sie sich durchaus gut gehalten hatten, gab ich meine schwarzäugigen Susannen auf, weil sie mir in einer städtischen Umgebung fehl am Platz vorkamen. Skabiosen fand ich langweilig. Der Gewöhnliche Blutweiderich (*Lythrum salicaria*), der eigentlich sehr invasiv ist, wollte bei mir einfach nicht heimisch werden. Die blaue Bartblume (*Caryopteris clandonensis*) erwies sich als Magnet für Käfer. Wie empfohlen, erhöhte ich den Säuregrad des Bodens für Astilbe und Heide, aber sie packten es trotzdem nicht. Sumpfeibisch (*Hibiscus moscheutos*)? Was hatte mich bloß auf diesen Gedanken gebracht? Als ich mit meinem Garten anfing, machten mir Verluste nicht sehr viel aus. Ich fürchtete eher, mir könnte der Platz ausgehen. Aber zusammengenommen sorgten die Pflanzen, die den Geist aufgaben oder doch nicht das Richtige waren oder den periodischen Gebäuderenovierungen zum Opfer fielen dafür, dass ich immer Platz für etwas Neues hatte.

Obst und Gemüse brauchten mehr Platz, als ich

vermutet hatte; das lernte ich auf die harte Tour. Manche Pflanzen produzieren erst riesige Mengen weit ausladender Blätter, bevor sie sich dazu herablassen, ihre hübschen Blütengesichter zu zeigen. Schwarze Plastiktüten für den Salatanbau erwiesen sich in erster Linie als Sammelstation für Terrassenabfälle. Eine ganze Saison lang bewunderte ich das tropisch aussehende Laub des Rhabarbers ›Valentine‹ und verzichtete schweren Herzens darauf, Stängel auszureißen, um die Pflanze beim Eingewöhnen nicht zu schwächen, aber trotz aller Rücksichtnahme ließ sich ›Valentine‹ im zweiten Jahr nicht mehr blicken. Meine Stachelbeere auch nicht. Meine Möhren waren allesamt zweispitzig und extrem haarig, was mich mit dem größten Respekt für alle Möhrenbauern und ihre »feinkrümelige Erde« erfüllte. Rote Bete brauchten für ihre Pfahlwurzeln mehr Tiefe, als ich mir vorgestellt hatte. Die Tomaten, in Vier-Liter-Töpfen auf lokalen Märkten erstanden, versetzten mich mit Tomatenschwärmern und Weißen Fliegen in Angst und Schrecken. Die Blaubeersträucher in Winterruhe, die ich bestellt hatte, waren schon bei ihrer Ankunft so riesig, dass ich sie nicht einmal aus dem Karton nahm. Einem Mann auf Long Island, der Spalierbirnen verkaufte, setzte ich fürchterlich zu, aber er war so klug, mir meinen Wunsch abzuschlagen.

Es gab eine Zeit, da mied ich Frühjahrsblüher, von meiner angebeteten Pfingstrose einmal abgesehen, weil ich von Frühling bis Herbst überall Farbe haben wollte. Inzwischen bin ich bereit, mich in Versuchsstationen auch auf flüchtige Freuden einzulassen. Damit meine ich diverse 40 und 45 Zentimeter große Töpfe, die ich immer bereithalte und in die ich alles setze, was mir so in den Sinn kommt. Hätte ich meine Regeln in Bezug auf Kurzlebigkeit nicht gelockert, hätte ich die Chance verpasst, die Wachstumsgewohnheiten zahlreicher gerühmter Schönheiten zu erleben.

Der Mohn, von dem es viele verschiedene Sorten gibt, ruft unterschiedliche Assoziationen wach: vergängliche Schönheit, Opiumhandel, Mohnkuchen, die Toten, die im Ersten Weltkrieg in Flandern fielen und derer am 11. November vielerorts mit Mohnblumen gedacht wird. Ich wollte meine eigenen Erfahrungen machen und pflanzte eine einzige *Papaver orientale* ›Burning Heart‹, den Garten- oder türkischen oder orientalischen Mohn, der im Kaukasus, im nördlichen Iran und in der Türkei heimisch ist. »Orientalisch« ist ein weit gefasstes, antiquiertes Wort, das die meisten Leute heutzutage als beleidigend empfinden, wenn es um Menschen geht, aber bei Blumen ist es noch okay.

Im ersten Frühling produzierte die ›Burning Heart‹ eine einzige große Knospe über niedrigem, gefiedertem Laub. Ich erging mich in Betrachtungen der Knospe, maß den Stängel, lugte zwischen die Blätter und kam zu dem Schluss, dass die Pflanze in dieser frühen Phase ihres hoffentlich langen Lebens nur diese eine Blüte hervorbringen würde. Sie öffnete sich wie bestellt am Memorial Day-Wochenende[3], an dem der Kriegsgefallenen gedacht wird und an dem alle Mohnblumen tragen. Hauchzarte Blütenblätter in einem verwaschenen Wasserfarbenrosa mit schwarzen Tupfen umrahmten eine dunkle, schimmernde Mitte aus Staubfäden und Staubbeuteln. Meine ›Burning Heart‹ war hinreißend – ich fotografierte sie aus diversen Blickwinkeln und postete das beste Foto auf Facebook. Am dritten Tag welkte die Blüte in der für die Jahreszeit ungewöhnlichen Hitze. Kurz darauf fingen die Blätter an abzusterben, wie das bei orientalischem Mohn üblich ist. Als der Memorial Day im nächsten Jahr nahte, hatte die ›Burning Heart‹ jede Menge Mohnblätter hervorgebracht, aber keine Mohnblüten. Und so ging es Jahr für Jahr weiter, bis ich mit meiner Geduld am Ende anlangte und sie ausrangierte.

Eine gute Neuigkeit! Die Goldrute (*Solidago*), jene geschmähte Pflanze, die an jedem Straßenrand wächst, wurde von allen Vorwürfen entlastet, eine spätsommerliche Heimsuchung für von Heuschnupfen geplagte Menschen zu sein; ihre Pollen sind nämlich zu

[3] letzter Montag im Mai zu Ehren der Gefallenen, gibt es seit dem Bürgerkrieg

schwer, um durch die Lüfte fliegen zu können, sie braucht die Dienste einer Biene oder eines Schmetterlings, um sich zu reproduzieren. Schuld am Heuschnupfen ist das beifußblättrige Traubenkraut (*Ambrosia artemisiifolia*), ein hässlicher Eindringling, der sich gern unbemerkt inmitten der Goldruten ansiedelt und seine Pollen im wahrsten Sinn des Wortes meilenweit verbreitet. Und noch eine gute Neuigkeit! Die *Solidago* ›Little Lemon‹, eine Goldruten-Zwergversion, die mitsamt ihren geraffelten Blüten nur vierzig Zentimeter hoch wird, ist perfekt für Pflanzkübel auf hochgelegenen Stadtterrassen geeignet. Sie wurde in Israel gezüchtet, einem Land mit einer florierenden Gartenbauwirtschaft, das sich als Nebenzweig auf die Verkleinerung großer Pflanzen spezialisiert hat.

Die ›Little Lemon‹ ist inzwischen seit fünf Jahren bei mir und hat das Versuchsstadium längst hinter sich. Wie ihre großen Verwandten am Straßenrand ist sie absolut winterhart und gedeiht am besten in voller Sonne. Anfang Sommer erscheinen winzige grüne Blütenknospen in dichten Büscheln am Ende der mit schmalen Blättern besetzten Stängel. Im späten Juli reifen die Büschel zu kurzen zitronenschalenfarbenen Blütentrauben, die die Pflanze den ganzen August hindurch schmücken. Eine nicht so gute Nachricht: In einem Jahr saugten winzige Schwebfliegen den Nektar aus den Blüten meiner Goldrute, woraufhin sie ihre Farbe verloren. Bestäuber hören einfach nie auf, nach neuen Gelegenheiten zu suchen. Es gibt viele Arten von Schwebfliegen (manche tun so, als seien sie Wespen oder Bienen), anscheinend gelten sie auf dem Land als nützlich, für mich sind sie es nicht.

Nun ein Loblied auf die Karpaten-Glockenblume (*Campanula carpatica*) Blaue Clips, eine niedrige, horstig wachsende Pflanze mit nach oben gerichteten violett-blauen Glocken, die vom Sommer bis in den Herbst hinein unermüdlich blüht. Als mein Garten noch neu war, stopfte ich einen Kreis von ›Blauen Clips‹ in die Birkenkübel, wo sie so bezaubernd aussahen, dass ich irgendwann drei von ihnen in einen eigenen rechteckigen Behälter setzte, eine weise Entscheidung, da die Birkenwurzeln bald darauf jedes bisschen Platz in ihren Kübeln für sich selbst brauchten. Wie bei vielen Pflanzen auf meiner Terrasse hatte ich, bevor ich sie selbst pflanzte, noch nie eine Glockenblume gesehen. Hohe Sorten halten dem Wind nicht stand, aber die kleine *carpatica* wird nur rund 20 Zentimeter hoch und dreißig Zentimeter breit, und es ist nicht ihre Schuld, dass Bienen es lieben, sich in ihre Tränke zu stürzen. Die Spezies *carpatica* ist, wie der Name schon sagt, in den osteuropäischen Karpaten beheimatet, was ihre Robustheit erklärt.

Die Ballonblume, *Platycodon grandiflorus*, ist ein asiatisches Mitglied der Campanula-Familie. Ihre Knospen ähneln Heißluftballons, ehe sie sich zu sternförmigen Blütenkelchen öffnen. Vor Jahren erstand ich zwei Ballonblumenpflanzen aus dem Katalog von Bluestone, eine violette und eine weiße, die beide nicht höher werden als circa einen halben Meter. Die weiße Ballonblume ist immer noch bei mir, schön eingewachsen in einem 40-Zentimeter-Topf, aus dem sie den ganzen Sommer über ihre lustigen Ballons aufsteigen lässt. Die violette kam im zweiten Jahr nicht wieder, keine Ahnung, wieso. Vielleicht stand sie den Winter über zu nass. Jedenfalls habe ich vor, es mit einer neuen violetten Ballonblume zu versuchen, weil es eine tolle Pflanze ist und ich mich an Violett nie sattsehen kann.

Zu meiner Überraschung tauchten im Frühjahr 2013 niedrige Stockrosen (*Alcea rosea*) von weniger als einem Meter Höhe in den Katalogen auf – ich hatte mir eine gewünscht, seit ich mit meinem Terrassengarten anfing. Die erste niedrige *Alcea*, die ich pflanzte, eine gerüschte Rosa-Weiße, die ich vor der Trennwand zwischen meiner und der Nachbarterrasse platzierte, produzierte den ganzen Sommer über kräftige Stängel, Blüten und Samenkapseln. Ursprünglich hielt ich die Samenkapseln für neue Knospen und band sogar einen schwer beladenen Stängel am Geländer fest, um ein Abbrechen zu verhindern. Allmählich aber ging mir auf, dass die Lebensaufgabe der Stockrose darin besteht, ihre Samen überallhin zu verbreiten, was auf einem Bauernhof wünschenswert sein mag, nicht jedoch auf einer kleinen Stadtterrasse, wo sie sich in den Fugen zwischen den Bodenplatten einnisten, so dass im nächsten Frühjahr überall unerwünschte Stockrosensämlinge emporschießen. Der Trick besteht darin, den Stängel ganz unten abzuschneiden, sobald sich die gefürchteten Samenkapseln bilden.

Stockrosen sind zweijährig, was bedeutet, dass sie im ersten Jahr aus dem Samen heranwachsen und im zweiten blühen, um dann zu sterben. Ich kaufe mir jedes Frühjahr eine Pflanze, die bereits in ihrem zweiten Lebensjahr ist, immer auf der Suche nach einer neuen Farbe. Im Herbst reiße ich sie aus und werfe sie weg. Eine Apricotfarbene war wunderschön, bleichte in der Sonne aber zu weiß aus. Dieses Jahr habe ich eine in leuchtendem Karmesinrot. Noch ist die Farbpalette bei den Zwergen begrenzt, aber das wird sich sicher bald ändern.

Ich hatte noch nie von einer Pflanze namens Bartfaden (botanisch: *Penstemon*) gehört, bis der Dramatiker Lanford Wilson mir erzählte, es sei seine Lieblingsblume und in seinem Ferienhaus in den Hamptons habe er viele verschiedene Sorten. In seinem Stück *The Fifth of July* beschäftigt sich ein Ehepaar geradezu zwanghaft mit dem Kauf von Kies für sein Bartfaden-Beet – Wilson wusste, dass einige Bartfaden-Arten auf Kies besonders gut wachsen! Jedenfalls fing ich, inspiriert von diesem Dramatiker, dessen Arbeiten ich bewundere, damit an, die Versandkataloge nach einem Bartfaden zu durchforsten, der für eine Stadtterrasse geeignet wäre, aber die erhältlichen Sorten waren alle zu groß. Zwanzig Jahre nach unserer Unterhaltung tauchte dann im Bluestone-Katalog eine niedrige Neuzüchtung namens ›Mexicali Red Rocks‹ auf – endlich ein Bartfaden, der für mich richtig war.

Wild wächst der Bartfaden, eine ausdauernde, mehrjährige Pflanze, auf kargen, sonnigen Ebenen und in trockenen, felsigen Bergregionen von Kanada bis Guatemala, oft in Höhen über dreitausend Metern. Die zahlreichen Arten unterscheiden sich in Größe und Habitus, die Palette reicht von drei Zentimeter kleinen, mattenbildenden alpinen Pflanzen bis zu 3-Meter-Giganten. Die ›Mexicali Red Rocks‹, eine Mischung aus einem amerikanischen und einem mexikanischen Zweig, wird etwa vierzig Zentimeter hoch und trägt viele leuchtend kirschrote Glocken mit kirschrot und weiß gestreiften Kronröhren. Die ›Red Rocks‹ blüht den ganzen Sommer und Herbst über üppig, sofern ich die Stiele zurückschneide, sobald sie abgeblüht sind. Bluestone nannte die Pflanze einen Magnet für Schmetterlinge, bei mir ist sie einer für Bienen; die Eindringlinge kuscheln sich gern in die bezaubernden kleinen Glöckchen, nachdem sie sich an meinen Mädchenaugen gütlich getan und meine Glockenblumen attackiert haben. Ich frage mich, ob die weißen Streifen in den Kronröhren eine Art Landebahn für Bienen darstellen. Hat denn alles in der Natur einen Sinn und Zweck?

Vom Erfolg der ›Red Rocks‹ optimistisch gestimmt, widmete ich einen zweiten Topf der etwas größeren, aufrechteren ›Pikes Peak Purple‹, einer violetten Mexicali mit weiß-violett gestreiften Kronröhren. Beide wurden von Bruce Meyers in seinem Heimatort White Salmon in Washington gezüchtet. Meyers, der zum Präsidenten der amerikanischen Penstemon-Gesellschaft aufstieg, war ein echter Künstler, der seinen Lebensunterhalt als Holzfäller verdiente, als er mit seinen genialen Kreuzungen anfing.

Die beiden Meyers-Hybriden, die ich auf der Terrasse habe, wurden nach den spektakulären roten Granitformationen in den Rocky Mountains in Colorado benannt, einem Teil des ehemaligen amerikanischen Grenzgebiets, das früher »Kansas-Territorium« genannt und von nomadisierenden Utahs bewohnt wurde, die glaubten, der majestätische Gipfel, der ihr Jagdgebiet überragte, sei der Ort, an dem die Schöpfung ihren Ausgang nahm. Die Utah nannten den Gipfel »Sonnenberg sitzt groß«, was in »Pike's Peak« umbenannt wurde, zu Ehren von Zebulon Pike, einem Landvermesser für die U. S.-Armee. Goldsucher, die in den späten 1850er Jahren über die Prärie rollten, hängten Schilder mit dem trotzigen Spruch »Pike's Peak oder Tod« an ihre Planwagen.

Das Apostroph wurde irgendwann aufgegeben, wie auch die meisten der Goldgräberträume.

Wenn Sie sich nicht an der relativ kurzen Lebensdauer stören – bei mir waren es maximal drei Jahre –, sind die Mexicali-Hybriden eine gute Wahl für hochgelegene, sonnige und windige Stadtterrassen. Alle Bartfäden sind dürreresistent und brauchen eigentlich nur wenig Wasser, aber eine Pflanze, die in einer windigen Umgebung wie meiner nur einen Topf zur Verfügung hat, muss doch regelmäßig gegossen und hin und wieder mit einer Düngergabe versorgt werden. Ich selbst, gestehe ich ein, verwende Miracle-Gro, auch wenn einige der heutigen Penstemon-Züchter bei der Vorstellung erschaudern, ihre Pflanzen mit chemischem Dünger zu versorgen. Natürliches und nachhaltiges Gärtnern lautet ihre evangelistische Devise, während meine sich darauf beschränkt, zu nähren, was bei mir wächst.

Ich habe ein Auge auf die dunkel-granatfarbene Mexicali ›Windwalker‹ geworfen, die in Colorado für Großgärtner entwickelt wurde und noch nicht für die Katalog-Horden freigegeben ist. Das Gleiche gilt für die rosa-weiße Mexicali »Carolyn's Hope.« Ihr aus Colorado stammender Züchter spendet alle Einnahmen aus den Verkäufen für die Krebsforschung. Auf YouTube kann man ihn zwischen seinen ›Carolyn's Hope‹ sehen, wenn man will. Außerdem päppele ich einen Penstemon-Setzling, der zwischen den Bodenplatten in der Nähe der Mutterpflanze auftauchte, auf meiner Fensterbank hoch. Aus Samen gewachsene Penstemons sind nicht immer sortenecht, von daher bin ich gespannt, was aus diesem Abenteuer hervorgehen wird.

Der Lavendel ist eine wohlriechende Pflanze – mit einer langen medizinischen Geschichte, beispielsweise soll er nervenberuhigend wirken –, die kommerziell und berühmtermaßen auf beeindruckenden Feldern in der südfranzösischen Provence angebaut wird, hauptsächlich wegen der ätherischen Öle, die für Seifen und Parfüms verwendet werden. Menschen, die zum Vergnügen gärtnern, pflanzen den Lavendel wegen seiner Schönheit.

Eines Spätsommers, als ich plötzlich einen Trog auf der Nordseite meiner Terrasse füllen musste, erstand ich auf dem Markt am Union Square aus einem Impuls heraus drei Töpfe Lavendel der Sorte ›Grosso‹. Die ›Grosso‹ wurde 1972 von einem französischen Bauern namens Grosso entdeckt, der feststellte, dass die zufällige Neuform seine anderen Lavendelpflanzen weit übertraf. Sie erbrachte einen bemerkenswerten Ernteertrag und hatte, dank einer genetischen Mischung, die die Kälteresistenz englischen Lavendels mit der Hitzetoleranz einer portugiesischen Spezies vereinte, eine sehr lange Blütedauer. ›Grosso‹ gehört heute weltweit zu den beliebtesten Lavendelsorten. Sie glauben doch nicht etwa, ich hätte das gewusst, als ich meine drei Töpfe erstand? Natürlich nicht.

Ich zwängte mein Lavendeltrio dicht an dicht in den vorbestimmten Kübel. Den Rest der Saison blühten die drei nur spärlich und reckten sich hungrig der Nachmittagssonne entgegen. Lavendel hatte mich noch nie damit beehrt, für eine zweite Saison zurückzukommen, egal, wohin ich ihn pflanzte, nicht einmal an vollsonnigen Standorten, wo Lavendel am besten gedeiht. Dieser Kübel, glaubte ich, sei einfach nur gut für diese eine Saison.

Im folgenden Frühling schwebten zahlreiche Blütenstängel über dem graugrünen Laub, das aus seiner Winterruhe erwacht war. Als die anmutigen Stängel anfingen, ihre sprichwörtliche Lavendelfarbe zu zeigen, sah das Ganze bildschön aus.

Ein einzelner Lavendeltrog ist natürlich nicht so atemberaubend wie die Lavendelfelder der Provence oder die Lavendelschwaden, die im Hudson River Park, wo ich manchmal spazieren gehe, die volle Sonne genießen, aber mein Lavendeltrog befindet sich ganz in meiner Nähe, hat einen persönlichen Bezug zu mir und ist für meine Terrasse genau richtig. Vielleicht muss ich irgendwann zwei der Pflanzen ausgraben, um der in der Mitte die Chance zu geben, sich zu normaler Größe zu entwickeln. Vielleicht auch nicht. Vielleicht werden meine drei Lavendel glückliche Zwerge sein. Ich werde mich einfach nach ihnen richten.

Rosen

Rosen sind großartig für hochgelegene Stadtterrassen, sofern Sie sich für die richtigen entscheiden. Richtig sind nicht die langstieligen Schönheiten, die täglich aus Ecuador und Kolumbien eingeflogen werden, wo die Arbeit auf den Feldern schlecht bezahlt und mörderisch ist. Ebenfalls ungeeignet sind hohe Grandifloras, mäkelige Teehybriden, riesige, weit ausladende Kletterrosen und die großartigen englischen Rosen, die Kaiserin Josephine so obsessiv in Malmaison sammelte, wo sie angeblich von Pierre-Joseph Redouté gemalt wurden, aber sie sind nun einmal nicht für windige Bedingungen geeignet. Richtig sind mehrfach blühende Strauchrosen von etwa einem Meter Höhe und Breite, die gern einen Anflug der wilden *rugosa*, auch Kartoffel- oder Apfelrose genannt, in ihrer DNA haben dürfen. Eine robuste Kletterrose kann auch funktionieren, sofern Sie über eine Südmauer und eine hohe Leiter verfügen.

Ich verrate hier kein Geheimnis, aber an dieser Stelle muss einfach gesagt werden, dass Rosen Dornen oder vielmehr Stacheln haben, wie es korrekt heißen müsste, aber wir bleiben bei den Dornen. Diese können einen derart übel stechen, dass Blut fließt, und das tun sie auch, sogar wenn man sie zu ihrem eigenen Besten und Wohlergehen beschneidet. In diesem unerfreulichen Fall arbeiten Sie dummerweise ohne Handschuhe oder, noch dümmer, mit bloßen Armen. Oder vielleicht haben Sie sogar einen Strickpullover an, der für eine Rose ein Kleidungsstück ist, das geradezu danach schreit, sich hineinzukrallen. Aber vielleicht meinen Sie ja auch, dass Sie geradezu bewundernswert auf den Rosenschnitt vorbereitet sind, weil Sie sich mit langen Ärmeln und stachelsicheren Handschuhen gerüstet haben – Ihre Rose findet natürlich trotzdem genau den einen Zentimeter nackter Haut zwischen Handschuh und Ärmel. Marianne Moores witziges Gedicht »Roses Only« schließt mit: »Die Dornen sind an dir das Beste.«[4] Gut möglich, dass das Gedicht gar nicht an eine echte Rose gerichtet war, sondern an eine stachelige Freundin. Oder vielleicht beschrieb sie auch sich selbst.

Die Ahnenvielfalt der Rose ist so komplex, dass ich Mitleid mit allen Rosenhistorikern habe, die versuchen, das Ganze zu durchblicken. Kurz gesagt, scheint die Gattung *Rosa* ihren Ursprung in China und Persien zu haben und sich durch Kultivierung und Züchtung in ganz Europa und so gut wie überall sonst verbreitet zu haben. Und natürlich auch durch den der Rose eigenen genetischen Imperativ, sich zu verteidigen und neue Territorien zu erobern. Die Rose über-

4 Übersetzung: Heidi Zerning.

lebt nicht nur deshalb, weil sie uns so viel Schönheit und Duft schenkt – sie liefert uns essentielle Öle für die Herstellung von Parfüms –, sie produziert auch Hagebutten, die reich an Vitamin C und Pektin sind und für Tees, Konfitüren und Gelees verwendet werden. Vögel fressen sie und tragen durch ihre Ausscheidungen zur Verbreitung der Rose bei. Die evolutionäre Anpassung der Rose in Form der Dornen gehört zu den größten Abschreckungen in der Blumenwelt gegen grasende Tiere und grabschende Menschen. An anderer Stelle habe ich gesagt, dass junges Wachstum empfindlich ist. Die Rose bildet die Ausnahme. Ein neu hervorbrechender Rosentrieb sieht aus, als sei er bereit, jede Schlacht zu gewinnen.

Meine Reise mit den Rosen war lang. Manche Lieblinge, die in den Katalogen empfohlen wurden, hielten sich nur eine Saison. Eine schnellwüchsige Kletterrose war noch energischer, als ich es erwartet hatte, obwohl im Katalog von fünf Metern die Rede gewesen war. Ich lernte, dass sich weiche, biegsame Triebe im Wind besser halten als starre, aufrecht in die Höhe wachsende, die in einem Kübel sowieso steif aussehen. Ich versöhnte mich mit der Tatsache, dass ich keine große, zerzauste Kohlrose (*Rosa centifolia*) haben kann, die für mich der Inbegiff eines britischen Cottagegartens ist. Rosen, die die Bedingungen auf einer Stadtterrasse tolerieren, haben Blüten, die nur selten größer werden als sechs Zentimeter, dafür aber blühen sie in Büscheln, was fast genauso großartig ist. Also gut, einigermaßen großartig. Ich selbst verzehre mich immer noch nach einer sinnlich-üppigen, wunderschön geformten Prachtrose, die nicht vom Wind in Stücke gefetzt wird, aber diese wundervolle Hybride wurde leider noch nicht erfunden.

Was bei mir wächst, und dafür bin ich dankbar, sind diverse beliebte moderne Hybriden, die mit Beschreibungen wie »pflegeleicht« und »blühfreudig« auf den Markt geschickt werden, bei denen aber niemals von »Duft« die Rede ist. Aber wenn schon unbedingt eine Eigenschaft geopfert werden muss, um eine Rose pflegeleicht und blühfreudig zu machen, dann darf es meinetwegen gern der Duft sein, da mein Geruchssinn erbärmlich ist. Einmal fragte mich ein neu in die Gegend zugezogener koreanischer Gemüsehändler ganz schüchtern, ob seine Lilien ihm vielleicht deswegen geradezu aus der Hand gerissen würden, weil sie so gut dufteten, und ich versicherte ihm ihm Brustton der Überzeugung, Lilien würden überhaupt nicht riechen. Umgeben von Eimern voller Lilien, war er zu höflich, um mir zu widersprechen.

Die älteste Rose auf meiner Terrasse, und damit meine ich, dass sie schon am längsten bei mir ist, heißt ›The Fairy‹, »die Fee«, eine nicht duftende, etwa 60 Zentimeter hohe – manchmal schafft sie auch mehr – rosa Beet- oder Bodendeckerrose, die winzige Blütenpompons in dichten Büscheln trägt und angeblich die populärste Rose der Welt ist. Sie wurde 1932 von der britischen Züchterin Ann Bentall vorgestellt. Ann und ihr Mann John gehörten zu den Mitarbeitern des herausragenden Rosenzüchters Joseph Pemberton, der ihnen in seinem Testament Anbauflächen und Treibhäuser hinterließ. Einige von Ann Bentalls Rosen werden immer noch weithin kultiviert, trugen jedoch ein halbes Jahrhundert lang die Pemberton-Imprimatur, bevor Ann endlich die ihr zustehende Anerkennung dafür erhielt.

In ihrer rosigen Knospenphase erinnert mich ›The Fairy‹ an die klassischen Liberty-Muster, die auf Baumwollblusen so niedlich aussehen. Sich selbst überlassen, verwandelt sie sich in ein wahres Dickicht, das rigoros ausgelichtet werden muss, weil die Pflanze sonst durch ihre unermüdliche Angewohnheit, ständig neue Triebe und Knospen hervorzubringen, im unteren Bereich leicht von Mehltau befallen wird. Normalerweise denke ich daran, lange Gummihandschuhe anzuziehen, wenn ich ›The Fairy‹ beschneide – ihre nervige Angewohnheit, nackte Haut zu attackieren ist der Beweis dafür, dass sie keinerlei Ähnlichkeit mit den namensgebenden, zartbeflügelten Wesen aus den Kinderbüchern hat. ›The Fairy‹ wird später aktiv als meine anderen Rosen (ah, die Vorfreude!), und ich muss zugeben, dass ihre Blütenbüschel in praller Sonne ausbleichen, wogegen ich leider nichts tun kann. ›The Fairy‹ ist keine große Rose, sondern eher ein fleißiges Arbeitspferd, und ich liebe sie. Zu ihren vielen Vorzügen gehört auch, dass sie keine Bienen anzieht.

Ich habe mit mehreren anderen Polyanthas gearbeitet, die ebenfalls kompaktwüchsig und bezaubernd waren. Die »Little White Pet« war viele Jahre lang ein absoluter Hit, bis sie in einem extrem kalten Winter den Geist aufgab, und ich ersetzte sie nur deshalb nicht, weil ich entschieden hatte, dass rote und rosa Rosen mir lieber sind. Die ›Nathalie Nypels‹ hat vielleicht eine nur kurze natürliche Lebensspanne (ich habe sie schon zwei Mal verloren), aber ich finde, diese holländische Hybride ist an Charme nicht zu übertreffen.

Als die ›Bonica‹ 1980 von Meilland eingeführt wurde, einem Familienunternehmen in Südfrankreich mit guten internationalen Verbindungen, mied ich sie, weil ich die Publicity, die sie als Vorläuferin einer völlig neuen Rosenrasse erhielt, übertrieben fand. Das war ein bisschen starrköpfig von mir. Mit ihrem einen Meter Höhe und ihrer schönen Form wird die ›Bonica‹ gern für Autobahnbepflanzungen benutzt, weil sie so robust und überhaupt nicht krankheitsanfällig ist. Ich habe sie in der Südwestecke meiner Terrasse untergebracht, wo eine Birke einst so vom Wind gebeutelt wurde, dass ihr Kübel anfing zu tanzen. Die ›Bonica‹ ist zu niedrig, um ihren Kübel zum Tanzen zu bringen, und ich kann sie in all ihrer

Pracht vom Schlafzimmerfenster aus sehen. Die locker gefüllten Blüten schäumen in Dolden und wirken zarter, als sie sind. Ihre Farbe ist nicht leicht zu beschreiben. Ich würde sagen, es ist ein Kaugummirosa, das in den äußeren Blütenblättern heller bis weißlich wird. Reicht Ihnen das als Erklärung? Ich jedenfalls bekomme Sehnsucht nach Fleer's Dubble Bubble, dem Kaugummi meiner Kindheit, wenn ich die ›Bonica‹ ansehe. Im Herbst trägt sie als Bonus orangefarbene Hagebutten. Und auch sie zieht keine Bienen an.

Als die krankheitsresistente »Knock Out«-Serie von Bill Radler in Wisconsin anfing, Schlagzeilen zu machen, handelte ich schneller als bei der ›Bonica‹. Für die Nordwestecke der Terrasse, wo einst ebenfalls eine Birke stand, wählte ich die ursprüngliche ›Knock Out‹, eine halbgefüllte rote Rose mit Blättern, die erst burgunderrot sind, bevor sie sich grün färben. Auf YouTube kann man sehen, wie Radler mitten in einem ›Knock Out‹-Feld in eine Hagebutte beißt; er sieht dabei aus, als wäre er lieber in seinen Versuchstreibhäusern mit seinen Kreuzungen beschäftigt.

Nachdem ich angefangen hatte, Radlers erste ›Knock Out‹ zu hegen und zu pflegen, brachte sein Rosenproduzent und Versandhändler Conard-Pyle eine ganze Serie von ›Knock Outs‹ in einer Vielzahl von Farben auf den Markt. Mag sein, dass die neuen besser sind als das Original, aber ich hatte keinen

Platz für eine zweite Radler-Hybride, und die, die ich hatte, brachte mich leider nicht dazu, sie zu lieben. Wie versprochen war sie zwar absolut krankheitsresistent und blühte als meine letzte Sommerrose bis in den Spätherbst hinein, aber fünf Jahre später hatte sie ihren Kübel immer noch nicht vollständig ausgefüllt, ihr Laub war anfällig für Windschäden und die Zweige wuchsen nach einer Seite, weg vom vorherrschenden Nordwind. Vor allem aber konnte ich mich nicht an das grelle Neonglühen ihrer roten Blüten gewöhnen.

2014 war ich fest entschlossen, die ›Knock Out‹ durch die ›Fire Meidiland‹ zu ersetzen, eine sich gut verzweigende 60-Zentimeter-Rose mit doldenartigen gefüllten dunkelroten Blüten aus dem Haus Meilland, der französischen Firma, die sich mit der ›Bonica‹ meinen Respekt verdient hatte. Die ›Fire Meidiland‹ traf Anfang Frühjahr in einer langen Schachtel bei mir ein, die Zweige bereits voller Knospen. Aber die ›Knock Out‹ hatte schon Blätter getrieben und ich brachte es nicht mehr übers Herz, sie auszumustern. Es wäre mir zu grausam vorgekommen, und außerdem, was wusste ich denn schon wirklich über die ›Fire Meidiland‹? Bisher hatte ich nur ein hübsches Foto von ihr gesehen und gehört, dass sie an der Westküste zu Zwecken der Erosionskontrolle sehr beliebt war. In einer Art Wettbewerb pflanzte ich die ›Fire Meidiland‹ in die Nähe der ›Knock Out‹, in einen niedrigen Topf, von dem ich wusste, dass er für ihren ausladenden Wuchs zu klein war, und wartete ab, welche der beiden Rosen mir besser gefallen würde. Zu meiner Freude zeigten die kleinen, samtigen, dunkelroten Blüten des Neuankömmlings nicht einmal einen Hauch von Neon.

In drei niedrige, rechteckige Pflanzgefäße, die ich von meinem nach Süden gehenden Wohnzimmerfenster aus sehen kann, pflanzte ich zuerst die hochgelobte Neuzüchtung ›Feisty‹, weil ich ihre moderate Größe perfekt fand und der Name Robustheit zu versprechen schien. Es war ein Fehler. Die Pflanzgefäße sind aus gepresstem grauem Kunststoff, der sich als verwitterter Granit ausgibt, mit einem Blätterrelief in den Ecken. Die Blüten der ›Feisty‹ sind rot mit gelben Staubgefäßen, was in Kombination mit den Gefäßen aussah wie ein Tribut an einen Mafiaboss in einem Beerdigungsinstitut in New Jersey. Schlimmer war, dass die ›Feisty‹ mich im zweiten Jahr damit aus der Fassung brachte, dass sie übelst von Sternrußtau befallen wurde, das erste Mal, dass ich es mit dieser tödlichen Laubkrankheit zu tun bekam. Was bitte ist robust an einer Rose, die sich Sternrußtau zulegt?

Ich grub die ›Feisty‹ aus, wechselte die Erde und pflanzte stattdessen die bereits erwähnte ›Nathalie Nypels‹, eine Rose mit schalenförmigen, locker gefüllten Blüten in zarten Rosaschattierungen und glänzend-grünem Laub, die ich online bei Antique Rose

Emporium in Texas bestellte. Ihr voller Name lautet ›Mevrouw Nathalie Nypels‹, und sie wurde 1919 von dem holländischen Züchter Leenders auf den Markt gebracht. Sie wird ungefähr 80 Zentimeter hoch, besitzt überaus charmante Wuchsgewohnheiten, lässt sich nicht vom Sternrußtau befallen, hat keine bösartigen Dornen, blüht mehrmals und zieht keine Bienen an. Meine wundervolle ›Nathalie Nypels‹-Reihe wächst vor der Skyline von Lower Manhattan in der Ferne. So schön. Ich weiß nicht, warum nur so wenig amerikanische Gärtner diese Rose anpflanzen. Wenn sie sich bei mir gut macht, sollte sie das auch bei allen anderen tun, die einen sonnigen Garten in gemäßigtem Klima haben.

Ich bin begeistert von der kanadischen Kletterrose ›William Baffin‹, die bei mir an der südlichen Backsteinmauer wächst. Aber ehe ich sie beschreibe, muss ich kurz innehalten und tief durchatmen, weil man seine erste Liebe nie vergisst. Meine erste Liebe war die ›New Dawn‹, die eine in der Pflanzenwelt berühmte Geschichte hat. Ihre Geschichte mit mir war dagegen tragisch. Sie ist schnellwüchsig mit bis zu sechs Meter langen Trieben und Büscheln halbgefüllter rosa-weißlicher Blüten, die im Sommer und Herbst remontieren. Die ›New Dawn‹ ist ein *Sport*, also eine rein zufällige Mutation, der ›Dr. W. Van Fleet‹, die nur im Frühling blüht. Der glückliche Zufall wurde 1930 in einer Rosengärtnerei entdeckt; im nächsten

Jahr wurde sie zur ersten patentierten Rose im kommerziellen Handel, bzw. zur ersten patentierten Pflanze überhaupt. Heutzutage sind patentierte Samen, insbesondere genetisch veränderte Sojabohnensamen, ein großer Segen für die Agroindustrie, nicht jedoch für Kleinbauern. Aber ich weiß, dass ich, wenn ich damit weitermache, zu weit vom Thema Rosen abkommen werde. Jedenfalls ist das Patent für die ›New Dawn‹ inzwischen abgelaufen. Wenn Sie also eine veredeln und verkaufen wollen, nur zu.

Die ›New Dawn‹ war eine ernsthafte Herausforderung für mich. Eine Kletterrose muss von einem Spalier oder von speziellen Haken gehalten werden, die man in Abständen in die Wand schlägt. Ich entschied mich für die Haken, band die Triebe sicherheitshalber aber auch mit Plastikschnüren fest. Als sich die ›New Dawn‹ horizontal und vertikal bis zum Rand des Dachs über mir ausgebreitet hatte, kaufte ich weitere Haken und weitere Rollen Plastikschnur, eine hohe Leiter und einen batteriegetriebenen Bohrer, aber es verging trotzdem kein einziges Jahr, ohne dass Stürme einen Teil meiner Arbeit zunichtemachten und ich die Pförtner um Hilfe bitten musste. Das war, bevor das Dach in einen Dachgarten umgewandelt wurde, daher mussten die Männer sich damals nur über die Brüstung beugen und die Triebe der ›New Dawn‹ wieder an ihren Haken befestigen. Ich bezahlte sie großzügig für die Notfallhilfe und hoffe, sie haben mir gern geholfen, denn die blühende ›New Dawn‹ war ein imposanter Anblick, der sich einem schon mehrere Blocks entfernt bot, wenn man zu meiner Terrasse hochschaute, was ich häufig tat.

Die ›New Dawn‹ fand ein brutales Ende, als wieder einmal Fassadenarbeiten anstanden. Wenn ich mich recht erinnere, ging es in diesem Fall hauptsächlich darum, die Brüstung des Dachs über mir zu stabilisieren. Ich werde mich nicht länger über dieses schreckliche Unglück auslassen, das dazu führte, dass mein Liebling in Stücke gehackt und weggekarrt wurde. Als ich mich allmählich von dem Schlag erholte und die kahle Wand betrachtete, setzte ich meine Hoffnungen auf die ›Zephirine Drouhin‹ eine elegante Bourbonrose, die die Mauern der schönsten europäischen Gärten ziert, aber sie konnte sich nicht an die Unterkunft gewöhnen, die ich ihr bot.

Die robuste ›William Baffin‹, die 1983 auf den Markt kam, hatte keine Probleme mit der Eingewöhnung. Nach einem britischen Erforscher der kanadischen Wildnis benannt, ist sie für eine Kletterrose eher niedrig, so dass ich allein mit ihr fertig werde. Kanadas sogenannte Forscherserie, ein dreißigjähriges Züchterprogramm, das die Palette hochwertiger Rosen auf den kalten und harschen Norden dieses Landes ausdehnte, wurde von der Regierung gefördert – können Sie sich das vorstellen? Felicitas Svejda, die Entwicklerin der Serie, war eine in Österreich geborene und ausgebildete Pflanzengenetikerin. Ihre Schöpfungen sind ihrerseits in die kältesten Klimazonen der Vereinigten Staaten und Europas ausgewandert. Die ›William Baffin‹ bietet im Frühling einen großartigen Anblick und überzieht meine Südwand mit Büscheln aus tiefrosa, zart duftenden Rosen, die sich öffnen und hellgelbe Staubgefäße enthüllen. Bienen lieben die ›Baffin‹ über die Maßen; ich wünschte, das wäre nicht der Fall. Obwohl viele Züchter behaupten, die ›William Baffin‹ remontiere später im Jahr, tut sie das bei mir nicht, und die orangefarbenen Hagebutten sind eher spärlich und kaum der Rede wert. Wie bei Kletterrosen üblich, produziert auch die ›William Baffin‹ häufig horizontale Triebe von der Wand weg, die zu kräftig sind, um sie zurückzubiegen und zu befestigen. Dazu sollte ich vielleicht erklären, dass der gepflasterte Weg zwischen ›Baffins‹-Mauer und dem Außengeländer meiner Terrasse sehr schmal ist. Und obwohl die ›Baffin‹ relativ wenig Dornen hat, ist es mühselig, sich an den nach außen wachsenden Trieben vorbeizwängen zu müssen. Ich warte, bis sie voller rosiger Knospen sind, und schneide sie dann ab, damit sie mich eine Woche lang in einer Vase erfreuen. Es dauerte Jahre, bis ich auf diese Strategie kam.

2014/15 erlebte der Nordosten der USA den kältesten, eisigsten Winter seit fünfundsechzig Jahren. Schneesturm folgte auf Schneesturm, und in den Pausen dazwischen fiel Eisregen. Die Sonne ließ sich überhaupt nicht blicken. Heftige Windböen schleuderten selbst ansonsten sichere Fußgänger in vereiste Schneewehen. Ich bewegte mich mit größter Vorsicht und verschwendete nicht einmal einen Gedanken an meine Rosen. Der Frühling, falls man ihn denn so nennen wollte, kam Mitte Mai mit einer Hitzeperiode, wie wir sie sonst erst im Hochsommer erleben. Als ich mich wieder auf die Terrasse wagte, sah ich, dass die ›William Baffin‹ als einzige Rose ausgeschlagen hatte, obwohl irgendwann auch die langen Triebe der ›Fire Meidiland‹ in ihrem zu kleinen Topf grün wurden. Alle anderen Rosen waren entweder tot oder lagen in den letzten Zügen. Die ›Bonica‹ und die ›Knock Out‹, an den beiden exponiertesten Standorten, zeigten nicht das geringste Anzeichen von Leben, und ›The Fairy‹ und die drei ›Nathalie Nypels‹ sahen aus wie Einarmige Banditen in einem Casino in Las Vegas – jeweils ein einziger grüner Trieb ragte aus ansonsten braunem und schrumpeligem toten Holz.

Meine größten Pflanzenverluste im Lauf der Jahre waren auf von Menschen gemachte Katastrophen zurückzuführen gewesen, in den meisten Fällen Fassadenarbeiten. Das Jahr 2015 war eine Naturkatastrophe. Nach einer qualvollen Trauerperiode tat ich, was ich tun musste – ich fing an, die Online-Kataloge nach Ersatz zu durchforsten. Die ›Bonica‹, meine Kaugummi-Schönheit, wurde durch eine neue ›Bonica‹ ersetzt – die offensichtlichste Wahl. Die tote ›Knock out‹ riss ich aus und pflanzte stattdessen eine ›Cuthbert Grant‹ aus Kanadas neuer Parkland-Serie, dem ebenfalls von der Regierung geförderten Nachfolgeprogramm der berühmten Forscher-Serie. Henry Marshall, ein Amateur-Gärtner, war das Genie hinter den Parkland-Rosen, bei denen es sich um komplexe Hybriden handelt, die einen Hauch von Kanadas zäher, anheimelnder, niedrigwüchsiger Prärie-Rose (*Rosa arkansana*) in ihren Genen tragen. Im wahren Leben war Cuthbert Grant ein Anführer der kanadischen Métis – Abkömmlinge europäischer Siedler und indianischer Frauen (sein Vater stammte aus Schottland).

Die Rose ›Cuthbert Grant‹ ist ungewöhnlich, um es vorsichtig auszudrücken. Meine kam in Knospenruhe[5] und mit eigenen Wurzeln – eine Vorbedingung für Winterhärte – von Jung in Wisconsin, einer Firma, die sich nicht mit zimperlichen Primadonnen abgibt. Im ersten Monat im neuen Heim machte die ›Cuthbert‹ über der Erde überhaupt nichts, während ihre Wurzeln sich eingewöhnten. Dann durchbrach sie die Knospenruhe und explodierte geradezu vor großen,

5 Als Knospenruhe oder Dormanz bezeichnet man eine Ruhephase zwischen Anlage und Austreiben der Knospen, die hormonell oder durch Umwelteinflüsse wie Licht und Temperatur bedingt werden kann.

gefüllten roten Blüten, die mit der Zeit purpurrot wurden. Noch besser war, dass die belaubten Triebe sich in alle Richtungen reckten, eine Leistung, die Radlers ›Knock Out‹ nie zuwege gebracht hatte. Am allerbesten aber war, dass die Blüten der ›Cuthbert‹ alle größer als sieben Zentimeter waren, ein Rekord für Rosen auf meiner Terrasse, und eine einzelne Blüte sieht in einer langstieligen Vase einfach hinreißend aus.

Gegen Ende Mai hatte ›The Fairy‹ von unten heraus so viele neue Triebe hervorgebracht, dass ich sie weiterleben ließ; ich unterpflanzte den Kübel mit Portulakröschen. Leider jedoch gab das Trio der ›Nathalie Nypels‹ den Kampf auf; sie wurden durch drei Neue aus dem Antique Rose Emporium in Texas ersetzt. Alle Rosen überlebten das elende Wechselspiel von Minustemperaturen und Tauwetter, das ich den »Nicht-Frühling« 2016 nenne, der um ein Haar meine Lieblingshortensie dahingerafft hätte.

Schmetterlinge im Garten

Der Schmetterlings- oder Sommerflieder (*Buddleia*) zieht Schmetterlinge an. Das gilt auch für die einjährige Sonnenwende, die einjährige Zwerg-Chrysantheme ›Snowdrop‹ und in gewissem Maß die Mädchenaugen. Die Liste der Schmetterlingsmagneten ist viele Seiten lang, ich erwähne hier nur die Pflanzen, die ich auf meiner Terrasse habe.

Ich dachte nicht an Schmetterlinge, als ich nach einem sommerblühenden Strauch von annehmbaren Proportionen suchte, mit dem ich meinen jüngst verstorbenen und zutiefst betrauerten Pfirsichbaum ersetzen wollte. Ich entschied mich für den Sommerflieder, weil er zäh und windresistent ist. Schon in meinen jugendlichen Ferientagen auf Fire Island hatte ich die lavendelfarbenen Rispen über Gartenmauern lugen sehen. Im Himalaya wachsen die hoch aufragenden Buddleias wild; für Gärten werden sie kleiner gezüchtet, und in einer breiteren Farbpalette. Manche Gärtner mögen den Sommerflieder nicht, weil er so zügellos und ungebremst wächst; ich wette, sie haben noch nie auf der sandigen Fire Island oder auf einer hochgelegenen Stadtterrasse gegärtnert. Im Hochsommer erblühen ständig neue, lange Rispen und produzieren einen zuckrigen Nektar mit einem süßen Duft, den ich selbst nicht wahrnehmen kann, andere Leute und Schmetterlinge aber schon.

Die ›Nanho Purple‹, die kleinste Kultursorte, die ich finden konnte, wurde von einem Züchterprogramm in Boskoop in den Niederlanden aus einer chinesischen Subspezies entwickelt und kam via den Katalog von Jung in Wisconsin zu mir, ein transnationaler Weg, der für die Gartenwelt typisch ist. Der etwa 15 cm kleine Topf mit Wurzeln und vertrocknetem Laub verwandelte sich schnell in eine Kaskade holziger Stiele, aus denen längliche Blätter und Rispen violetter Blüten mit leuchtend orangefarbenen Augen erwuchsen. Im folgenden Frühjahr schnitt ich die Buddleia wie empfohlen auf 15 Zentimeter zurück, und habe sie seitdem jedes Frühjahr drastisch zurückgeschnitten. Im zweiten Sommer fing die ›Nanho Purple‹ zu meiner Überraschung an, orange-schwarze Monarchfalter anzuziehen. Die Schmetterlingsinvasion beginnt bei uns im Juli und dauert etwa zwei Wochen. Als ich das diesen Sommer in meinem Kalender nachprüfen wollte, waren natürlich keine Monarchen zu sehen; dafür gab es im späten August ein wundervolles Gruppenfest kleiner orange-schwarzer Schmetterlinge, die ich nicht identifizieren konnte.

Monarchen sind ruhelose Kreaturen, mit einer, wie man fast sagen könnte, ungewöhnlich energiegeladenen und nervösen Veranlagung. Sie kommen angeschwärmt, schießen hernieder, verharren in der Schwebe, huschen hierhin und dahin, landen auf ihren dünnen Beinchen, saugen kurz mit ihren langen Rüsseln und schwirren wieder davon. Meine Terrasse muss einer von Tausenden von Boxenstopps auf ihrer Reise sein, vielleicht haben sie einfach keine Zeit für einen längeren Besuch. Ich freue mich, wenn ich sehe, dass sie in meinem Sommerflieder Nahrung finden, fürchte aber, dass sie sich mit ihrer Konkurrenz nicht unbedingt wohlfühlen. Zu meiner Verärgerung und, wie ich glaube, auch zur Verärgerung der Schmetterlinge, saugen nämlich auch rüpelhafte Hummeln an diesem Sommerflieder. Hummeln auf Nahrungssuche haben eine Reichweite von ein bis drei Meilen. Ich bin mir nicht sicher, wo meine Hummeln nisten, aber ich weiß, dass sie Gierschlunde sind, die von Blüte zu Blüte schwirren, um sich an ihrem Nektar zu laben und nebenbei Pollen einzusammeln, die an ihren Füßen kleben bleiben. Sie belästigen meinen Salbei, attackieren meine Mädchenaugen, demolieren meine Glockenblumen und zwängen sich in die Kelche des Bartfadens. Eine Hummel steckt ihre Nase sogar in ungeöffnete Rosenknospen und kommt immer wieder, egal, wie oft ich sie wegscheuche. Die zufällige Rolle der Hummel in der Ökosphäre ist die Bestäubung. Hummeln sind tagaktiv, das heißt, sie sind bereits bei der Arbeit, bevor ich mit meinem Morgenkaffee auf die Terrasse trete. Vor Anbruch der

Dämmerung fliegen sie zurück in ihre Nester, die manchmal nicht mehr als ein Loch im Boden sind. Damit will ich nichts gegen Löcher im Boden gesagt haben. Ein Müllhaufen wäre einer Hummel genauso recht. Manchmal übernachten sie auch unter irgendeinem Blatt auf der Terrasse.

Als ob die Hummeln nicht schon Ärgernis genug wären, zieht mein Sommerflieder inzwischen auch Honigbienen an. Die neuen Invasoren fielen bei mir ein, als ein aus dem Amt scheidender Bürgermeister, der für seine kaiserliche Arroganz bekannt war, sein Erbe aufpolieren wollte und beschloss, die Aufstellung von Bienenstöcken auf den Dächern der Stadt legitim zu machen. Bienenstöcke sind für manche ein Hobby, für andere eine Methode, Geld zu verdienen. Aus eigener umfänglicher Beobachtung kann ich konstatieren, dass Bienen kleiner als Hummeln und nicht pelzig sind und anders als ihre Hummelverwandten durchscheinende Flügel haben. Ich habe ein bisschen was über die Arbeitsteilung in einem Bienenstock gelesen. Wenn der Magen der Wildbeuter mit Nektar vollgestopft ist, fliegen sie zum Stock zurück und würgen den Inhalt wieder hoch, so dass die zu Hause verbliebenen Arbeitsbienen den Wassergehalt reduzieren können, indem sie das Zeug mit ihren Flügeln trocken fächeln. Die Arbeitsbienen im Stock haben noch eine zweite wichtige Funktion. Sie stellen Wachs für den Bau der achteckigen Zellen ihrer

Honigwaben her, damit der eingedickte Nektar als Nahrungsvorrat gelagert werden kann. *Freut euch nicht zu früh, ihr Bienen! Der Besitzer eures Stocks kann es kaum erwarten, Etiketten auf Gläser mit eurem Honig zu kleben!* Und niemand hat mich oder sonst einen Stadtgärtner gefragt, ob wir unsere liebevoll gehegten und gepflegten Blumen in das Projekt einbringen wollen.

Denn wo immer eine Biene saugt, stirbt eine Blume – ihre Blütenblätter schrumpfen und werden braun, und wenn sie sie noch nicht entfaltet hat, wird sie es nie tun. Und wer spricht für die Blumen? Wenn sie vor einen Friedensrichter gerufen würden, würden sie dann sagen, dass sie es absolut okay finden, für das übergeordnete Wohl des Überlebens der Spezies mitten aus dem Leben gerissen zu werden? Ich kann mir nicht vorstellen, dass Blumen das tun würden. Meine bestimmt nicht. Aber gut. Ich gestehe, dass es der reine Egoismus der Terrassengärtnerin ist, der hier aus mir spricht. Und obwohl es unserem gärtnerischen Mühen so passen würde, weiß ich natürlich, dass Pflanzen nicht blühen, um uns mit der Schönheit ihrer vielfältigen Blüten zu erfreuen, sondern um bestäubt zu werden. Nur so entstehen Früchte bzw. Samen, durch die die Pflanze sich vermehren kann. Denn der eigentliche Sinn und Zweck der Blüte ist nun einmal, Nektar und Pollen anzubieten, um Insekten anzulocken, die bei Berührung der Blüte automatisch die von der Pflanze angestrebte Bestäubung durchführen. Was im Klartext heißt, dass eine bestäubte Blüte keine Funktion mehr hat. Ergo verwelkt sie und wird aus menschlicher (gärtnerischer!) Sicht unansehnlich. Ob das der Blume oder dem Gärtner passt oder nicht. Trotzdem finde ich, dass Hummeln und Bienen aufs Land gehören und sich aus der Stadt fernhalten sollten, wo jede Blume etwas Wertvolles ist und Schmetterlinge stets willkommen sind.

Wissenschaftler haben mehr als 30 chemische Bestandteile im reichen Nektar des Sommerflieders festgestellt, der auch Kolibris und nachtaktive Falter anlockt. Nachtaktive Falter erscheinen in Schwärmen und laben sich an meinem Sommerflieder, während ich schlafe – das weiß ich, weil ich am Morgen nach einer Attacke nachtaktiver Falter die Überreste ihres Gelages sehe. Manchmal entdecke ich noch einen Nachzügler. Sie sehen aus wie unscheinbare Schmetterlinge und sind mit ihnen verwandt, aber ihre Farben sind stumpf und ihre Flügel hängen in Ruhehaltung als plumpes V nach unten.

Als die Monarchen zum ersten Mal bei mir auftauchten, war mein schwarzer Kater schier außer sich vor Begeisterung über diese neue Beute, die er fangen und ins Haus bringen konnte. Es war ein grausames, ungleiches Spiel für den gefangenen Monarchen, und für mich war es grauenvoll zu sehen, wie ein sterbender Schmetterling auf meinem Teppich mit dem zerstörten Gerüst seiner Flügel schlug. Durch eine Fernseh-Doku erfuhr ich, dass einige Monarchen aus den nordöstlichen USA und Kanada in Etappen in warme Winterquartiere in Zentralmexiko migrieren, geleitet von himmlischer Navigation, magnetischen Feldern und einer inneren Uhr in ihrem Hirn. Ihre Reise ist gefährlich und geprägt von Verlusten – durch Erschöpfung, schwierige Wetterverhältnisse, begrenzte Nektarquellen und Katzen. Die Monarchen waren die ersten Schmetterlinge, die von meiner Terrasse angelockt wurden, aber später, als ich mein Pflanzenspektrum um eine Zwerg-Sonnenwende oder -Vanilleblume erweiterte, kamen auch andere. Ich hatte mir übrigens jahrelang eine violette Sonnenwende (*Heliotrop*) gewünscht, weil es die Lieblingsblume von Babe Paley war, einer immer modischen Gesellschaftsdame, die auf allen Listen der bestgekleideten Frauen auftauchte und mit dem CBS-Funktionär William S. Paley verheiratet war, der wiederum für seine klugen Entscheidungen bei allem rund ums Fernsehen und ebenso für seine sexuellen Eskapaden bekannt war. Schon komisch, was wir so alles aus Biographien mitnehmen, um es in unsere Gärten zu bringen.

Die Sonnenwende, berühmt für ihren Vanilleduft, ist eine mehrjährige Pflanze aus Südamerika, die in Gewächshäusern vorgezogen wird und bei uns nur einjährig ist. Wie nicht anders zu erwarten, besaßen die Paleys natürlich ein privates Gewächshaus. Ich selbst hatte noch nie eine Sonnenwende gesehen, bis die Zwergzüchtung ›Marine‹ eines Tages im frühen Mai auf unserem lokalen Markt auftauchte. Ich schnappte sie mir und brach damit meine eigene Regel, die da lautet: Keine Einjährigen vor Muttertag. Und da ich schon einmal dabei war, erstand ich auch drei Zwerg-Chrysanthemen der Sorte ›Snowland‹ und als Lückenfüller ein paar apricotfarbene Steinkräuter, auch als Duftsteinrich oder Strand-Silberkraut bekannt.

Kaum dass ich die Chrysanthemen eingesetzt und mit Steinkraut unterpflanzt und der Zwerg-Sonnenwende ›Marine‹ ihren Platz zugewiesen hatte, fing der Regen an – ein kalter, heftiger Regen, der tagelang anhielt. Ich hatte ja gewusst, dass es ein Fehler war, Einjährige vor dem Muttertag zu pflanzen! Als das Wetter endlich umschlug, wagte ich mich auf die Terrasse. Ein kleiner Schmetterling ebenfalls. Der zierliche Charmeur ließ sich auf einer der Chrysanthemen nieder, um ein bisschen daran zu nippen, und schwirrte dann zur Sonnenwende, um sich voller Wonne ausgiebig zu laben. Ich konnte mein Glück kaum fassen. Ebensowenig der zierliche Charmeur, den ich zwei Tage später zur Sonnenwende zurückkehren sah.

Während der Schmetterling sich labte, hatte ich reichlich Zeit, mir Notizen über seine Form und

Zeichnung zu machen: Gebogene, fast dreieckige Flügel mit schwarzen Flecken am oberen und blauen Tupfen am unteren Rand; Unterseite der Flügel dumpf und unregelmäßig gemustert; auffällige Fühler und ein relativ großer, haariger Körper für eine so winzige Kreatur. Eine Welle des Mitgefühls für diesen einsamen, hungrigen Fremden erfasste mich. Mehrmals am Tag lief ich auf die Terrasse und starrte die Sonnenwende in der vergeblichen Hoffnung an, der elegante kleine Schmetterling möge zurückkehren. Alles Anzeichen einer Teenager-Schwärmerei. Ich musste wissen, wie der kleine Charmeur hieß.

Nach zahlreichen Recherchen in Schmetterlingsbüchern und auf Schmetterlingsseiten im Netz würde ich inzwischen behaupten, dass mein niedlicher Besucher ein Kleiner Fuchs war, ein Mitglied der Familie der Edelfalter (Nymphalidae), die in Europa sehr geliebt werden. Der Kleine Fuchs gehört zu den ersten Schmetterlingen, die im Frühling auftauchen und verhält sich im Umfeld von Menschen so ruhig und freundlich, dass ein britischer Schriftsteller, offensichtlich ein Hundeliebhaber, ihn »den Labrador unter den Schmetterlingen« nannte. In Amerika ist er nicht heimisch. Offenbar gelangte er, um es mit den diplomatischen Worten Wikipedias auszudrücken, mit »menschlicher Unterstützung« nach New York. Vielleicht in einer Schachtel voller Schmetterlinge, die von manchen Firmen verkauft und verschickt werden, um sie bei Hochzeiten fliegen zu lassen. Ich hoffe, er wird hier heimisch. Irgendwo in der Nähe (keine Ahnung, welche Reichweite Kleine Füchse haben) durchlebte mein reizender Gast das Eier-, Raupen- und Puppenstadium wahrscheinlich in einem Horst Brennnesseln, falls es in New York City noch Brennnesselhorste gibt, denn Brennnesseln sind der natürliche Lebensraum für die Raupen.

Ich möchte keine Brennnesseln auf meiner Terrasse haben. Stattdessen pflanze ich jedes Jahr eine Sonnenwende. Wenn ich meine Nase darin vergrabe, rieche selbst ich den berauschenden Vanilleduft.

Meine Schmetterlingssaga hat noch eine Fortsetzung. Im Sommer 2016 kam ein schwarzer Schmetterling mit blauem Rand vom Dachgarten über mir auf meine Terrasse geflogen, zeigte jedoch bei mehreren Besuchen keinerlei Interesse an der Sonnenwende, was ich merkwürdig fand.

Aber am 30. August postete ich auf Facebook: »Heute Morgen entdeckte ich zu meinem Schrecken fünf große Raupen in meiner Petersilie. Ich hatte schon immer Petersilie, aber Raupen hatte ich noch nie.« Die daraus folgende Kommunikation dauerte fast eine ganze Woche – inklusive Angebot einer Webcam –, während ich auf Google nach »Petersilienraupen« suchte.

Ich lernte, dass meine glatthäutigen Eindringlinge – grün mit schwarzen Streifen und gelben Punkten darauf und unermüdlich kauend – aus Eiern hervorgekommen waren, die ein weiblicher Schwarzer Schwalbenschwanz dort abgelegt hatte. (Ich hatte weder die Eier noch die Paarung gesehen.) Von manchen Gärtnern als Plage betrachtet, ist der Schwarze Schwalbenschwanz der offizielle Schmetterling New Jerseys. Wenn das Weibchen keinen natürlichen Lebensraum findet, legt es seine Eier auch schon einmal in Petersilie, Fenchel oder Dill. Dem Plan der Natur zufolge soll die Raupe sich in eine Puppe verwandeln, die an ihrer Wirtspflanze festsitzt; und dann verwandelt sich die Puppe in einen Schmetterling – entweder relativ bald oder nach der Überwinterung.

An dem aufregenden Vormittag, an dem ich elf Raupen auf meiner kahlgefressenen Petersilie entdeckte, rannte ich zum Gemüseladen und kaufte bündelweise geschnittene Bio-Petersilie, um ihre Versorgung zu gewährleisten. Als ich nach Hause kam, waren nur noch drei Raupen im Topf. Mehrere andere marschierten über die Bodenplatten, offensichtlich auf der Suche nach neuen Wirtspflanzen, damit sie ihren Reproduktionsprozess fortsetzen konnten. Keine Woche nachdem ich sie entdeckt hatte, waren all meine Raupen verschwunden. Ende meiner Geschichte, und ich glaube, auch ihrer.

Taglilienträume

Ich hatte hohe, orangefarbene Taglilien wild an Landstraßen wachsen sehen, aber erst als ich in Gartenkatalogen die *Hemerocallis*-Seiten studierte, ging mir auf, wie viel in der Taglilienwelt gezüchtet wird. Neue, niedrige Sorten, die perfekt für kleine Gärten geeignet sind! Erstaunliche Unterschiede in Form, Farbe und Schattierung! Gerüscht! Gefüllt! Remontierend! Diploide und Tetraploide (dazu muss man den Chromosomensatz verdoppeln bzw. vervierfachen), die sich nicht gegenseitig befruchten können.

Taglilien sind nicht in Amerika heimisch, haben sich aber in unserer Erde eingewurzelt, als wären sie schon immer hier gewesen. *Hemerocallis fulva*, die Gelbrote oder Bahnwärter-Taglilie, die wild an unseren Straßen wächst, wurde in China über Tausende von Jahren als Nahrung und Medizin gesammelt. Händler, die die Seidenstraße bereisten, brachten die Samen in den Nahen Osten, und von dort wanderte der Prototyp der Taglilie nach Europa, von wo die frühen Siedler die Samen per Schiff nach Amerika brachten und sie, um ein bisschen Farbe ins Spiel zu bringen, in ihre Gärten und auf ihre Friedhöfe pflanzten, von wo die Pflanzen prompt ausbrachen.

Französische Gärtner waren die ersten, die mit dem Chromosomenmaterial der Proto-Taglilie herumspielten. Seltsamerweise hatten sich die Chinesen nie mit Kreuzungen abgegeben – ich wette, das tut ihnen inzwischen leid. Getrocknete Taglilienknospen sind ein Muss in der chinesischen Küche, vor allem in Sauer-scharf-Suppe. Amerikas Kreuzungsfieber bei Taglilien fing vor etwa 80 Jahren an, als Amateurgärtner mit obsessiver Veranlagung und wissenschaftlicher Ader begannen, die Pflanzen in ihren Gärten zu kreuzen und wieder zu kreuzen. Auf lokaler Ebene wurden Taglilienclubs gegründet – in Texas, Arizona, Arkansas, Atlanta und Chicago –, um die Neuschöpfungen zu zeigen und zu tauschen. Die lokalen und regionalen Verbände sind immer noch relativ autonom, obwohl sie an die Amerikanische Hemerocallis Society (AHS) angegliedert sind, den 1946 gegründeten Dachverband.

Bei der AHS sind mehr als 75 000 Tagliliensorten registriert. Ich selbst habe weniger als ein Dutzend: Die ›Mini Pearl‹ (ein leuchtendes, sanftes Pfirsichrosa); ›Pardon Me‹ (moosbeerenrot); ›Little Grapette‹ (burgunderrot); ›Miss Tinkerbell‹ (lachsrosa mit rosiger Augenzone); eine der Siloams der legendären Pauline Henry aus Siloam Springs, Arkansas (meine ist gelb mit weinroter Augenzone); ›Earlybird Cardinal‹ (rot mit gelb-grüner Kehle); und ›Bahama Butterscotch‹ (eine robuste Tetraploide mit gerüschtem karamelfarbenen Rand). Der Wind hat die restlichen Namensschildchen weggeweht.

Die ›Mini Pearl‹ war meine erste Taglilie, erstanden Mitte der 1980er Jahre. Sie wächst in einer wundervollen, braunglasierten Amphore, die ein Hausbewohner mir schenkte, als er wusste, dass er an AIDS sterben würde. Er hieß Rodgers, war Verlagslektor, liebte Pflanzen und hielt sich der Aussicht und der frischen Luft wegen gern auf dem Dach des Hauses auf. Wann immer Rodgers mich von dort oben mit dem Gartenschlauch herumhantieren sah, rief er mit seiner tiefen Bassstimme zu mir herunter: »Durchdringend wässern! Durchdringend!« Manchmal begegnete ich ihm auf der Straße, wenn mein Hund und ich unseren Spätabend-Spaziergang machten. Bei diesen Gelegenheiten trug Rodgers immer schwarzes Leder und Ketten. In den 80er Jahren starben in diesem Gebäude so viele Menschen an AIDS, dass Harvey, der Pförtner, eine Gedenkliste anlegte.

In einer Hinsicht entsprechen Taglilien-Hybriden den wilden orangefarbenen Giganten an Straßenrändern und in Straßengräben: Ihre Blüten halten sich nur einen Tag, aber keine Sorge, viele weitere sind bereits unterwegs. Bei Taglilien dreht sich alles um »gestern, heute und morgen«, ideal für eine Stadtterrasse, wo das Leben jeder Blüte dazu verdammt ist, kurz zu sein.

Hier der Zyklus einer Taglilie: Im Frühjahr sprießen Büschel grüner, grasartiger Blätter aus der Erde. Blätterlose Stängel, Blütenschaft genannt, schieben sich in die Höhe, an ihrem oberen Ende sitzen seltsam geformte Knospen, die länger werden und den Knospen echter Lilien ähneln, die allerdings einer völlig anderen Gattung angehören. Wenn die Knospen die erste Farbe zeigen, was schnell geht, sind die trompetenförmigen Blüten bereit, sich zu öffnen. Auf meinen morgendlichen Patrouillen bewundere ich die neuen Blüten, schneide die vom Vortag ab und renne zurück in die Wohnung, um die Flecken von meinen Händen zu waschen. Violette und rote Blüten verursachen die schlimmsten Flecken und sind am matschigsten. Handarbeitsfanatiker sagen, sie nutzen die färbende Kraft von Taglilien, um Wolle und Ostereier zu färben, ich selbst bin nicht bereit, derart weit zu gehen. Noch habe ich die Absicht, meine kostbaren Taglilienknospen für selbstgemachte Scharf-sauer-Suppe zu opfern. Gegen Ende Juli ist der Marsch der Taglilien vorbei, ein trauriger Augenblick. Ich ziehe die vertrockneten Blütenschäfte heraus und behalte die verbliebenen grünen, die Samenkapseln gebildet haben, im Auge. Später mehr darüber.

Ich bestelle meine Taglilien beim Familienunternehmen Oakes Daylilies in Tennessee, weil sie eine so große Auswahl an Pflanzen bieten, die nicht höher als 40 Zentimeter werden und am besten für die Topfkultur auf einer Terrasse geeignet sind. Dabei merke ich natürlich, dass sie amüsiert sind, wenn ich ihnen telefonisch meine Bestellung durchgebe – »Nur ein Exemplar, bitte« – und erkläre, dass ich in einem New Yorker Hochhaus gärtnere. Sie schicken mir einen großen, luftgetrockneten Klumpen mit mehreren sogenannten Abschnitten oder Fächern und kräftigen Wurzeln, den sie aus ihren Feldern ausgegraben haben. Einmal war ein Teilstück einer remontierenden Taglilie als Geschenk dabei, ein andermal bekam ich zwei Taglilien zum Preis von einer. Ich weiß nicht, wieso Oakes so großzügig sind – ich bin schließlich keine wertvolle Großkundin, vor allem nicht, seit ich eine eigene Hybride züchtete.

Ich wurde zufällig, dem Wind sei Dank, zur Taglilienzüchterin, nachdem sich auf einem abgeblühten Blütenschaft eine eigenartige grüne Samenkapsel gebildet hatte. Ganz offensichtlich (also gut, *inzwischen* ist es für mich offensichtlich) hatte eine meiner Taglilien mittels dieser Geschichte mit den Staubgefäßen und den Pollen-auf-Narbe, von der wir in der Schule hören, eine andere Taglilie befruchtet. Ich guckte sofort im Netz nach und stellte fest, dass ich brauchbare Samen von der Art hatte, die sich »Ein-Elternteil-unbekannt« nannte. Ich hielt mich an die empfohlenen Anweisungen und wartete, bis die Kapsel hart geworden war, bevor ich sie aufbrach, die winzigen schimmernden, schwarzen Samenkörner herausschabte und in einen Papierumschlag steckte, den ich ins Gemüsefach meines Kühlschranks packte. Im April holte ich die Samen hervor, legte sie drei Tage lang in ein Glas Wasser, damit sie zwecks leichterer Keimung aufquollen und säte sie dann draußen aus, wo kurz darauf kleine Horste von Taglilienblättern erschienen. Ein Jahr später hatte ich Blüten. Dann musste ich die Horste teilen, weil ich je fünf Samen in einen Topf gesät hatte.

Selbst wenn man beide Eltern kennt, sind die Ergebnisse einer Kreuzung ungewiss. Vergessen Sie den bei uns geläufigen Spruch, dass zwei Leute sich so ähnlich sind wie zwei Erbsen in einer Schote. Samen aus Schoten sind wie ein Wurf Hundejunge – man weiß nicht, wie sich das genetische Material mischt und was dabei herauskommt.

Die AHS hat strikte Anforderungen für die Registrierung einer Neuzüchtung. Zwar gibt es keine fixe Grenze zwischen Amateuren und Profis, aber »ein-Elternteil-unbekannt«-Kreuzungen dürfen nicht mitspielen. Ernsthafte Züchter übertragen die Pollen von den Staubgefäßen einer Pflanze mit der Hand auf die Narbe einer anderen Pflanze, wickeln den empfangenden Partner ein, etikettieren das Ganze und vermerken alles aufs Genaueste. Ein Züchter kann bis zu tausend Kreuzungen und Rückkreuzungen vornehmen, bevor eine neue Taglilie als würdig erachtet wird, registriert zu werden. Sie muss von einzigartiger Qualität sein, viele Knospen hervorbringen, sich gut verzweigen, in der Farbe stabil sein, Blütenschäfte haben, die merklich über das Laub hinausragen und noch andere Vorzüge besitzen. Als das Taglilienfieber mich packte, träumte ich davon, durch reines Glück auf etwas absolut Umwerfendes gestoßen zu sein und meinen gärtnernden Freunden voller Stolz Teilstücke davon zu überreichen. Bislang war das, was der Wind und ich zustande brachten, alles andere als umwerfend. Die Wahrheit lautet, dass ich noch nie eine neue Taglilie gezüchtet habe, die sich mit den herben Schönheiten vergleichen könnte, die ich bei Oakes kaufe, aber einmal war ich nahe dran.

Vor ein paar Jahren brachte mich die ›Bahama Butterscotch‹, die einzeln stehende Tetraploide auf meiner Terrasse, die von Elizabeth Salter in Florida gezüchtet wurde und die fröhlichste, strahlendste, kräftigste und am längsten blühende Taglilie ist, die ich habe, völlig aus der Fassung, indem sie am Ende ihrer Blüteperiode eine Samenkapsel hervorbrachte. Was? Tets sind 44-Chromosomen-Umwandlungen von 22-Chromosomen-Diploiden, geschaffen durch ausgetüftelte Methoden, bei denen auch Colchicin ins Spiel kommt, eine Chemikalie, die in der Natur in Krokussen zu finden ist. Nur eine Tet kann eine Tet befruchten, aber manche Tets können sich auch selbst befruchten. Atemlos vor Verwunderung pflanzte ich fünf der Tet-Samen in einen Topf. Ein Jahr später – allmählich gingen mir verfügbare Töpfe aus – rupfte ich vier der grasartigen Büschel aus und behielt nur die kräftigste Pflanze, die zufällig in der Mitte wuchs. Diese verbliebene Pflanze produzierte einen Blütenschaft, der fast eine Replik der ›Bahama Butterscotch‹ mit ihrem gerüschten dunkel-karamellfarbenen Rand war. Im folgenden Jahr brachte sie drei Schäfte mit Butterscotch-Blüten hervor, deren karamellfarbene Ränder aber enttäuschend schwach gerüscht waren. Ich liebte sie trotzdem – schließlich war ich bei der Geburt dabei gewesen. Vor kurzem ist sie gestorben.

Die ›Mini Pearl‹, meine erste Taglilie aus den 1980ern, kümmert vor sich hin, folglich stecke ich in einem Dilemma. Kaufe ich einfach eine neue ›Mini Pearl‹ mit leuchtend pfirsichfarbenen Blüten, oder versuche ich es mit einer neuen, kühnen Tetraploiden in einer anderen Farbe für den braunglasierten Topf, den Rodgers mir schenkte? Ich muss mich bald entscheiden.

Eine Pfingstrose

Sie sind schnell vergängliche Frühblüher, und der Platz auf meiner Terrasse ist so kostbar, dass ich nur eine einzige Pfingstrose unterbringen konnte, als ich vor drei Jahrzehnten beschloss, es mit einer zu versuchen, und die musste zudem relativ niedrigwüchsig sein. Ein paar der Schönheiten, die ich gerne gehabt hätte, beispielsweise die ›Festiva Maxima‹, eine klassische weiße Pfingstrose mit ein paar roten Tupfen im Inneren, kamen nicht in Frage – ihre hohen Stängel würden vom Wind niedergedrückt werden. Nach vielen Recherchen und Überlegungen entschied ich mich für eine *Paeonia* ›Edulis Superba‹, die in Form eines Wurzelteilstücks mit drei Augen bei mir eintraf. Die ›Edulis Superba‹ hat üppige, gefüllte, altrosa Blüten, die die goldenen Staubblätter in der Mitte verbergen, und sie wird nur etwa 80 Zentimeter hoch. In Frankreich aus einer chinesischen Sorte weiterentwickelt, erwies sich diese 1824 eingeführte Pfingstrose als so robust und verlässlich, dass sie noch heute produziert wird. Genau genommen, ist sie so weit verbreitet, dass viele Kataloge sie schon gar nicht mehr auflisten. Irgendwo habe ich gelesen, dass eine Pfingstrose hundert Jahre oder sogar noch länger leben kann. Was in der Diamantenwerbung gesagt wird, gilt auch für die Pfingstrosen – sie sind unvergänglich.

Man muss keinen sentimentalen Bezug zu Pfingstrosen haben, um sie zu lieben, aber viele Gärtner sagen, dass sie an den alten Pfingstrosen hängen, die sie aus den Gärten ihrer Eltern kennen. Meine Familie in Brooklyn hatte keinen Garten, aber ich erinnere mich noch wie heute an einen in Zellophan gehüllten und mit einer Schleife geschmückten Strauß Pfingstrosen, der einen wichtigen Augenblick meiner Vor-Teenager-Jahre markierte. Die Zeit, in der Mädchen, die lieber Seil gesprungen oder Fahrrad gefahren wären, einmal die Woche zum Klavierunterricht geschickt wurden und jeden Tag eine Stunde zum Ticken des Metronoms üben mussten, überschnitt sich mit der Zeit des Spinetts für Familien, die sich kein ausgewachsenes Klavier leisten konnten oder in ihrer kleinen Wohnung keinen Platz dafür hatten. Das galt auch für meine Familie. Mr. Gordon, der dritte und letzte meiner Klavierlehrer, der mich eine Stunde pro Woche unterrichtete, veranstaltete jedes Jahr im Rathaus von Manhattan ein Konzert, in dem seine Schüler und Schülerinnen ihr Bestes gaben, was in meinem Fall nicht sehr viel bedeutete. Nach unserem Auftritt sollten wir uns verneigen, während das Elternpublikum applaudierte und ein Assistent uns einen Strauß Blumen überreichte, den die jeweilige Mutter gekauft hatte.

Bei dem einen Konzert bei Mr. Gordon, an dem ich teilnahm, heimste ein älteres Mädchen mit Richard Addinsells *Warschauer Konzert* überwältigenden Applaus ein. Anschließend stolperte ich mehr schlecht als recht durch die *Mondscheinsonate* und schlug gegen Ende einen ganzen Lauf falscher Akkorde an. Als ich nach vorn wankte, um den obligatorischen Knicks zu machen, kam Mr. Gordons Assistent mit einem riesigen Strauß langstieliger Pfingstrosen angeeilt – es war der wundervollste Strauß des ganzen Nachmittags. Ich erinnere mich an ein sommersprossiges dunkles Rosa (*Paeonia* ›Freckles‹?) und ein strahlendes Weiß mit einem Hauch von Rot, bei dem es sich um die ›Festiva Maxima‹ gehandelt haben muss. Mr. Gordon gab mir ungeduldige Zeichen, die Bühne zu verlassen, aber ich war zu gebannt von der Schönheit der Pfingstrosen und geradezu überwältigt von der extravaganten Geste meiner Mutter. Nach meiner kläglichen Vorstellung durfte ich übrigens mit den Klavierstunden aufhören, und meine Mutter, die sich ihr ganzes Leben lang gewünscht hatte, Klavier spielen zu können, übernahm die Routine mit Tonleitern und Metronom bei Mr. Gordon und stolperte bald durch ihre eigene Version der *Mondscheinsonate*. Wir hatten beide erreicht, was wir in Wirklichkeit wollten, und Pfingstrosen sind immer noch meine Lieblingsblumen.

Die Anweisungen für das Pflanzen einer Pfingstrose sind sehr präzise. Der Herbst ist der richtige Zeitpunkt, die Pfingstrose an ihr dauerhaftes neues Zuhause zu setzen, wobei alle Fachleute sich einig sind, dass eine Pfingstrose es nicht mag, ausgegraben und woandershin verpflanzt zu werden. Die langlebige Pflanze braucht volle Sonne, Winterkälte und gute Luftzirkulation, auf meiner Terrasse ein Kinderspiel. Die Erde sollte mit Torf angereichtert werden und die Augen dürfen allerhöchstens fünf Zentimeter tief gesetzt werden. (Ich war wegen dieser fünf Zentimeter so nervös, dass ich ein Lineal benutzte.) Nach dem ersten Jahr sollte jedes Frühjahr eine großzügige Portion getrockneter Kuhdung (Mmhh, alle wichtigen Nährstoffe plus Humus, der den Wurzeln hilft, sie aufzunehmen) ausgebracht werden. So stand es in den Büchern, also tat ich es. Getrockneter Kuhdung ist in Stadtgärtnereien zunehmend schwer zu haben, überhaupt sind Stadtgärtnereien extrem selten geworden. In dem einen Jahr, in dem ich keinen Kuhdung rund um die ›Edulis‹ verteilte, sondern ihr einen großzügigen Schuss Miracle-Gro verabreichte, was bei meinen anderen Pflanzen gut funktioniert, bekam ich eine Menge Laub und nur sehr wenig Blüten. Zu viel Stickstoff für die Pfingstrose? Vielleicht.

Bis vor kurzem glaubte ich, dass Pfingstrosen der Beweis für den Wert von Ameisen sind. Ich war auf einen weit verbreiteten Mythos hereingefallen, der dann endlich widerlegt wurde. Eine gesunde, feste Pfingstrosenknospe, die die erste Farbe zeigt und so kugelrund, wie sie ist, bereits wunderschön aussieht, wird sich öffnen und erblühen, egal, ob eine Ameise die klebrig-harzige Oberfläche ableckt oder nicht. Jedes Frühjahr stehen die Ameisen Schlange, um die ›Edulis‹ abzulecken, und ich hatte sie immer angespornt. Daher schockierte es mich, zu erfahren, dass die Beziehung zwischen Pfingstrosen und Ameisen nicht symbiotisch ist. Abgesehen davon, dass die Ameisen den Boden durch ihre Emsigkeit beim Nesterbau belüften – ich habe nichts gegen Bodenbelüftung –, sind sie ziemlich eklig. Ich fange sie in Fallen, zertrete sie, schlage sie mit der Hand tot und besprühe sie mit Raid, aber nie mit absolutem Erfolg.

Jedes Frühjahr beschenkt mich meine Pfingstrose mit nie weniger als sechs perfekten Blüten, die ich schneide und mir ins Haus hole. Das ist wegen des Windes das Vernünftigste, was ich tun kann. Eine Pfingstrosenblüte hat auf meiner Terrasse eine kürzere Lebensspanne als in einer Vase in meinem Wohnzimmer. Auf der Terrasse hält sie sich höchstens einen Tag auf dem Höhepunkt ihrer Pracht. Deshalb schnappe ich sie mir, bevor sie sich voll öffnen.

In der Stadt kostet ein Pfingstrosenstiel vier Dollar oder sogar noch mehr, von daher war meine ›Edulis‹ mehr als ihr Geld wert. Auf der Negativseite ist zu vermerken, dass im dritten Lebensjahrzehnt der

Pflanze ein pudriger weißer Schimmel anfing, Blätter und Stängel zu befallen. Ich versuche, ihn mit einem Fungizid unter Kontrolle zu halten, aber wenn man die einschlägigen Online-Seiten liest, bekommt man es mit der Angst zu tun: Mit dem Wind herbeigewehte Sporen befallen die Pflanzen; und wenn die Sporen in die Erde gelangen, kommt die Krankheit immer wieder. Marihuana-, Tomaten- und Rosenzüchter haben ständig damit zu kämpfen (die Marihuanapflanzer drücken sich online besonders drastisch aus). Der Pilz befiel die Pfingstrose erst relativ kürzlich, und seine Sporen sind angeblich »wirtsspezifisch«, was bedeutet, dass sie weder Rosen- noch Tomaten-, noch Marihuanapflanzen befallen und umgekehrt, aber Sporen auf einer Pfingstrose gehen unweigerlich auf andere Pfingstrosen über. Welche wunderschöne Pfingstrose irgendwo in Greenwich Village wurde infiziert, bevor es meine erwischte? Allmählich denke ich, dass ich mit einem neuen Kübel, frischer Erde und einer neuen ›Edulis‹ ganz von vorn anfangen sollte, oder soll ich aufs Ganze gehen und mir eine völlig andere Sorte zulegen?

Aktualisierung: Der schreckliche Winter und nichtexistente Frühling 2014/15 richteten bei der ›Edulis‹ verheerende Schäden an. Sie blühte nicht. Als der Herbst kam, bereitete ich einen Kübel mit frischer Erde vor und pflanzte die Wurzeln einer anderen niedrig-wüchsigen althergebrachten Sorte, der kirschroten gefüllten ›Karl Rosenfield‹, die 1908 von J. P. Rosenfield auf den Markt gebracht wurde, einem schwedischen Einwanderer, der sich in Nebraska niederließ, wo er seine chinesischen Hybriden entwickelte und in Umlauf brachte. J. P. benannte die ›Karl Rosenfield‹ nach seinem Sohn, also dachte er vielleicht schon damals, diese Pfingstrose würde seine Hinterlassenschaft werden. Falls ja, behielt er Recht. Sie ist die einzige Rosenfield-Pfingsrose, die noch heute kommerziell angebaut wird, weil sie in der Schnittblumenbranche so beliebt ist. Ich schwöre, dass ich die ›Karl Rosenfield‹ nie in den Katalogen für Hausgärtner sah, die ich wie religiöse Traktakte verschlang. Die Wurzelmasse, die ich bei ebay erstand, wo viele Pflanzenverkäufer Shops haben, traf in einer Frühstücksflockenschachtel bei mir ein, ein netter, häuslicher Touch.

Unbeeindruckt vom verspäteten, verfrorenen Frühling 2016 kamen die weinroten Triebe der ›Karl Rosenfield‹ mit erstaunlicher Energie zum Vorschein. (Die frischen Triebe von Pfingstrosen sind meistens weinrot und färben sich erst dann grün.) Die eine kirschrote Blüte, die die junge ›Karl Rosenfield‹ zustande brachte, war allerdings so dicht mit Blütenblättern gefüllt, dass ich meine Kamera hervorholte und eine Fotosession einlegte. In ihrem Topf zehn Meter weiter brachte auch die weniger energische ›Edulis Superba‹ eine einzelne Blüte hervor, und ich hatte nicht das Herz, mich von ihr zu trennen. Noch nicht. Ich weiß, das ist unvernünftig von mir, oder vielleicht bin ich einfach nur übertrieben sentimental. Und so lange sich das nicht ändert, bleibt die junge ›Karl‹ ein gefundenes Fressen für die pudrigen weißen Pilzsporen, die der ›Edulis‹ so zu schaffen machten. Graaahhh.

Hortensien

Hortensien sind berühmtermaßen romantisch. Die Franzosen geraten bei ihrem Anblick ebenso ins Schwärmen wie Martha Stewart, die berühmte Fernsehmoderatorin, -köchin und Autorin. Bei Hochzeiten sind sie die Stars der Tischdekoration, am Muttertag werden sie eingetopft und in Goldfolie gehüllt haufenweise verschenkt, feine Restaurants präsentieren sie in hohen Vasen oder in flachen Schalen, und auf Seidensiebdrucktapeten machen sie besonders viel her. Auch mein Badezimmer ist in einem Hortensienmuster tapeziert, und mein Küchenfenster bildet den Rahmen für die lebende, unvergleichliche ›Nikko Blue‹, eine robuste Gartenhortensie mit großen Blättern, um die ich seit Jahrzehnten viel Aufhebens mache, weil – ach, seufz – einfach weil eine blühende Hortensie etwas so Träumerisches hat.

Die *Hydrangea macrophylla* ist in Japan heimisch, wo sie in den Küstenregionen von Wind und salziger Gischt zerzaust wird, folglich leuchtete ein, dass sie auch eine windige Terrasse in Flussnähe tolerieren könnte. Aber nicht alle *macrophylla*-Hybriden können Wind vertragen. Vor der ›Nikko‹ hatte ich es mit der ›Otaksa‹ versucht, die es nicht schaffte. Die

›Nikko Blue‹ begann ihren Aufenthalt bei mir in einem niedrigen Holzbehälter auf der Südseite der Terrasse, wo es ihr gelang, ungeachtet der vollen Sonne, zu wachsen und zu blühen. Natürlich hätte ich ihr keinen so schwierigen Start aufzwingen dürfen – nach allem, was ich gelesen hatte, wusste ich nur zu gut, dass Hortensien ein gewisses Maß an Schatten brauchen und sich am besten machen, wenn sie morgens Sonne, bekommen und nachmittags Schatten haben, aber ein niedriger Holzbehälter auf der sonnigen Südseite war damals der einzige verfügbare Standort. Nach den ersten Sommern unseres gemeinschaftlichen Abenteuers konnte ich das Bedürfnis meiner Hortensie nach Schatten und ihr verzweifeltes Ringen um mehr Platz nicht länger ignorieren. Das unglückselige Gewächs kümmerte jeden Nachmittag vor sich hin, wenn es nicht zweimal täglich gegossen wurde, und als wäre eine weitere Warnung nötig gewesen, fingen die beengten Wurzeln an, sich durch die Ritzen des Holzgefäßes zu zwängen.

Diese beunruhigenden Ereignisse fielen zusammen mit dem von einem watteähnlichen Pilz[6] verursachten Absterben meines Zierapfels, der eine halbschattige Ecke auf der Nordseite der Terrasse bewohnte.

[6] Weißstängeligkeit, auch Rapskrebs oder Sklerotinia ist eine durch den Pilz *Sclerotinia sclerotiorum* verursachte Pflanzenkrankheit. [A. d. Ü.]

Der Wildapfel hatte mir viele gute Jahre geschenkt, und die Herbstvögel hatten gern von seinen beerengroßen roten Früchten genascht, aber seine Zeit war abgelaufen. Ich bat die Pförtner, ihn zu zersägen und den Pflanzbehälter zu entsorgen. Als die ›Nikko‹ sich für den Winterschlaf bereit machte und ihre Blätter abwarf, setzte ich den Plan, sie in einem neuen, geräumigen Kunststoffbehälter am frei gewordenen Platz des Apfels unterzubringen, in die Tat um. Nicht etwa, dass der Umzug von der Süd- auf die Nordseite problemlos vonstattengegangen wäre. Kurz vor Feierabend von einem Geschäft im Blumengroßhandelsdistrikt der Stadt angeliefert, passte der Kunststoffbehälter nicht durch die Terrassentür, egal, wie man ihn drehte und wendete. Der Lieferant war ebenso bestürzt wie ich. Ich schlug vor, das Ding vom Dach herabzulassen, eine Prozedur, an die ich mich aus der Zeit, als die schweren Tröge für die Birken geliefert wurden, noch gut erinnerte. Ich ließ den Behälter herab, der Lieferant, der unten wartete, fing ihn auf. Mit einem Seufzer der Erleichterung erbot er sich, mir noch ein bisschen zur Hand zu gehen, was ich dankbar annahm. Nachdem er das neue Gefäß mit frischer Erde gefüllt hatte, befreite er die ›Nikko‹ aus ihrer altersschwachen Kiste – die Holzlatten leisteten keinerlei Widerstand – und versenkte das Wurzelgeflecht der Hortensie in ihrem neuen Zuhause. Gartenbedarfslieferanten ergreifen, wie ich festgestellt habe, gern die Gelegenheit, selbst ein bisschen zu gärtnern. Aber trotz der ritterlichen Einwände des Mannes bestand ich darauf, den Rest allein zu erledigen. Ich drückte die Pflanze gut an, gab mehr Erde dazu und durchtränkte den Behälter mit reichlich Wasser. Im folgenden Frühjahr trieb die ›Nikko‹ neu aus – die Transplantation war gelungen.

Das neue Zuhause der Hortensie konnte ihre Optimalbedingungen – Morgensonne und Nachmittagsschatten – nicht erfüllen, bot ihr aber immerhin Morgenschatten und viel mehr Platz. Wenn die ›Nikko‹ im späten März oder Anfang April ausschlägt, arbeite ich jedes Mal ein paar Löffel Aluminiumsulfat in die Erde ein. Im Mai bilden sich dann Blütenknospen aus zahlreichen winzigen, limettengrünen Einzelblütchen an den Spitzen der mit Blättern besetzten Zweige. Die dicht gedrängten Einzelblütchen fangen an, Farbe zu zeigen, wenn die Blütenköpfe viermal so groß geworden sind. Darauf zu warten, dass die ›Nikko‹ Farbe bekennt, macht mich immer ganz nervös. Zusätzlich zum Aluminiumsulfat gieße ich die Hortensie von Zeit zu Zeit mit einer Pflanzennahrung, die den Boden saurer macht, damit sie das Aluminium besser aufnehmen kann, eine Voraussetzung für blaue Hortensien, wenn die Blüten tatsächlich blau sein sollen. Ich möchte auf keinen Fall, dass sie rosa werden, das Schicksal aller blauen Hortensien, die unter Aluminiummangel leiden. Dank meiner Hilfe blüht meine

Hortensie in einer Mischung aus Himmelblau und rauchigem Violett.

Mein Schnittplan für sie sieht folgendermaßen aus: Im späten Herbst, wenn die Pflanze die meisten Blätter abgeworfen hat, schneide ich einige der hohen Stiele um ungefähr ein Drittel zurück – gegen den Rat der Experten, die einen davor warnen, Gartenhortensien im Herbst zu schneiden, weil sie im Frühjahr nur am alten Holz Blüten austreiben. Also bitte, ich weiß ja wohl am besten, was bei meiner Hortensie funktioniert. Ich will keine Riesenpflanze, sondern eine, die ich handhaben kann. Zu Frühjahrsanfang entferne ich dann dünne, schwache Stängel sowie alles, was abgestorben ist, und schneide die oberen, erfrorenen oder vertrockneten Teile der restlichen bis zu einer kräftigen, schuppigen, nach außen zeigenden Knospe zurück. Und der gottgewollte Prozess der Blätter- und Blütenbildung beginnt aufs Neue. In ihrer Nordwestecke mit Blick auf den Fluss entwickelte sich die ›Nikko‹ von einem mäkeligen, etwa einen halben Meter hohen Strauch zu einer Höhe und Breite von einem Meter zwanzig. Die großen, ganz leicht gekerbten Blätter sehen kräftig und glänzend aus; die über zehn Zentimeter großen Blütenkugeln aus dicht gedrängten Einzelblüten changieren zwischen Lavendelblau und Altviolett. Die ›Nikko‹ ist wirklich beeindruckend, und sie liebt Wolkenbrüche. Manchmal gehe ich aufs Dach, um meine ganze Freude und meinen ganzen Stolz aus dieser Perspektive zu betrachten und darüber zu staunen, wie symmetrisch die Pflanze wächst, während sie den ganzen August, September und sogar noch Oktober hindurch neue Blüten hervorbringt, obwohl die letzten kleinen Blütenköpfe sich nicht mehr richtig entfalten können, sobald die Temperaturen in Richtung Gefrierpunkt absinken.

Macrophylla-Hortensien sind eine besondere Augenweide, wenn sie in einem Kübel wachsen, und das sage ich nicht nur, weil ich sie auf diese Weise pflanzen muss. Die Höhe des Kübels ermöglicht es den äußeren blühenden Trieben, sich anmutig nach unten zu neigen, ohne den Boden zu berühren. Sollten Sie einen riesigen Landsitz Ihr Eigen nennen, könnten Ihre Vollzeitgärtner natürlich Unmengen von Hortensien anpflanzen, die einem Teppich ähnlich ineinander verschmelzen – ich habe diese unglaublichen Bilder in den Gärten französischer Schlösser gesehen –, aber eine innige Beziehung zu einer einzigen Hortensie ist ein großes Abenteuer.

Die ›Nikko Blue‹ ist so exquisit und so perferkt geformt, dass ich jedes Mal zögere, mir ein paar Blüten zu schneiden, um sie in einer Vase zu arrangieren; aber an Sommervormittagen, wenn ich gern ein paar Blumen im Haus hätte, hole ich mir doch den ein oder anderen Stiel, zupfe sämtliche Blätter ab und tauche sie in eiskaltes Wasser, um ihnen den Übergang zu erleichtern. Übrigens darf man Hortensien erst dann schneiden, wenn die Blütenköpfe komplett durchgefärbt sind, sonst lassen sie sofort die Köpfe hängen. Oder haben Sie in Blumengeschäften schon einmal eine noch nicht voll erblühte, nur teils farbige Hortensie gesehen? Okay, manchmal vielleicht. Aber Floristen sollten so etwas nicht tun. Rosen und Pfingstrosen können geschnitten werden, bevor sie voll aufgeblüht sind, aber Hortensienblüten müssen ausgereift sein, bevor sie geschnitten werden. Im Herbst stelle ich mir zur Erinnerung einen Strauß getrockneter Hortensien in eine Vase, wo sie bleiben, bis die ›Nikko‹ im Frühjahr erneut anfängt, ihre Blätter zu entfalten. Hortensien sind wirklich Pflanzen für alle Jahreszeiten.

Ermutigt durch meinen Erfolg mit der ›Nikko‹ erweiterte ich meinen Hortensienhorizont um die Eichenblättrige Hortensie ›Snow Queen‹ (*H. quercifolia*), die im Frühjahr große, spitz zulaufende weiße Blüten treibt, die sich im Lauf des Sommers rosig verfärben, sofern die Bienen sie nicht erwischen. *Quercifolia*-Hortensien sind einheimische Amerikaner mit derben, eichenähnlichen Blättern, die aussehen, als würden sie alles überstehen. Und mehr oder weniger ist das auch so. Obwohl die ›Snow Queen‹ in einem großen Holzfass auf der Westseite meiner Terrasse zu Hause ist, wo die Elemente am heftigsten wüten und ihre Blätter gelegentlich vom Wind zerfetzt werden, ist sie praktisch über ihren Behälter hinausgewachsen, und sie hat mein Herz erobert, weil sie sich so gut an ihr beengtes Leben angepasst hat. Die ältesten holzigen Triebe sterben gelegentlich ab, um neuem Wachstum Platz zu machen, und im Frühjahr grabe ich das klobige tote Holz aus. Im Sommer hält sich ein geschnittener Stiel im rosigen Stadium ewig in der Vase. Mir ist schmerzlich bewusst, dass die spitz zulaufenden weißen Blüten der ›Snow Queen‹ inzwischen kleiner sind als früher und dass diese superrobuste Hortensie anfängt, einer Bonsai-Version ihres früheren Ichs zu ähneln. Ich wünschte, ich hätte einen besseren Platz, an dem sie sich gebührend präsentieren könnte, aber möglicherweise steht dieser kräftigen Hortensie ein trauriges Ende bevor, womit man auf einer Stadtterrasse immer rechnen muss.

Aktualisierung: Die superrobuste ›Snow Queen‹ überlebte den entsetzlichen Winter und eisigen Frühling 2014/15 und produzierte zwei Blüten. Meine geliebte ›Nikko Blue‹ hätte es um ein Haar nicht geschafft. Ihr langsames Dahinsiechen war entsetzlich anzusehen. Ich verrate Ihnen lieber nicht, wie viele Stunden ich im Lauf mehrerer Wochen damit verbrachte, verdorrte Triebe zu kappen und Blöcke von totem Holz aus meinem Liebling herauszusägen. Die professionellen Gärtner, die auf der Terrasse gegenüber werkelten, bedachten mich mit Blicken, die ich als amüsiert, ungläubig und erstaunt interpretierte, aber die harte Arbeit war sowohl für mich als auch für die ›Nikko‹ therapeutisch. Ich konnte diese Hortensie, mit der mich so viel verband, einfach nicht aufgeben. Als sie mir schließlich signalisierte, dass ihre Wurzeln noch lebten – ein paar zögerliche Triebe kämpften sich aus der Erde –, war ich sicher, dass sie am Leben bleiben würde, sofern ich mich an meinen Teil der Abmachung hielt. Im August, dem Monat, in dem die ›Nikko‹ normalerweise in voller Blüte steht, waren die neuen Triebe gerade mal einen guten halben Meter hoch. Ich erwartete nicht, dass sie Blüten hervorbringen würden – die ›Nikko‹ blüht am vorjährigen Holz, rief ich mir in Erinnerung –, war aber zuversichtlich, dass der Strauch im nächsten Frühling wieder er selbst sein würde.

Eine Überraschung tröstete mich ein bisschen, während ich mich täglich um die genesende ›Nikko‹ kümmerte. Ein mir unbekannter Nachbar mit einer Veranda im zweiten Stock war es leid, von Geschäftsreisen nach Hause zu kommen und lauter tote Pflanzen vorzufinden, und bat Val, einen der Pförtner, die Pflanzbehälter wegzuschaffen. Val fragte mich, ob ich sie haben wolle. Und ob! Er schleppte vier schicke, schwarze, rechteckige Tröge und einen hohen, eckigen Kübel nach oben, alle ohne die toten Pflanzen des Nachbarn, aber gefüllt mit guter Erde, und platzierte sie auf der traurig aussehenden Nordseite der Terrasse, die normalerweise uneingeschränkt von der

›Nikko‹ beherrscht wurde. Ich flitzte zum Markt am Union Square, wobei ich mich fragte, was ich so spät im Jahr wohl noch finden würde, und griff mir vier etikettenlose kleine, rosa blühende Hortensien. Einem Impuls folgend erstand ich auch noch drei Töpfe mit Lavendel, über die ich in »Versuchsstationen« geschrieben habe.

Obwohl die Töpfe nicht in Goldfolie gehüllt waren, schlussfolgerte ich mit dem Scharfsinn eines Sherlock Holmes, dass es sich bei den etikettenlosen rosa Hortensien um Restexemplare handelte, die man für den Muttertag in einem Gewächshaus vorgetrieben hatte. Ausgetopft und eingepflanzt lebten sie sich gut bei mir ein. Zwar wuchsen sie nicht merklich, blühten aber den ganzen Rest der Saison, und die eine stellte sich als rosa Tellerhortensie heraus. Ich hatte mir schon lange eine Tellerhortensie gewünscht, seit ich mehrere Jahre lang eine blaue im Vorgarten eines Hauses in meiner Straße bewundert hatte. Tellerhortensien haben eine flache Mitte winziger Blüten, umgeben von einem Ring größerer Scheinblüten und gelten als kleiner und robuster als konventionelle Gartenhortensien, aber meine mysteriösen Hortensien könnten sich immer noch alle als zwei-Meter-Giganten herausstellen. Ich erwarte nicht, dass sie sich in ihren niedrigen Trögen viele Jahre halten, aber für den Augenblick ist es nett, sie um mich zu haben.

Im trostlosen Frühjahr 2016, als bittere Eiseskälte

und Nordwinde die Stadt im April und Mai heimsuchten, schlug die superrobuste ›Snow Queen‹ auf der Westseite der Terrasse, ohne mit der Wimper zu zucken, aus. Auch die drei kleinen rosa Gartenhortensien auf der Nordseite brachten Blätter hervor. Die vertrockneten Stängel der rosa Tellerhortensie ließen mich fürchten, sie sei gestorben; aber dieses Urteil war vorschnell. Langsam produzierte sie von unten heraus neue Triebe. Allerdings wird sie in diesem Jahr nicht blühen, und ich bin mir nicht sicher, was letztendlich aus ihr werden wird.

Zu meinem Entsetzen brachte dieses zweite katastrophale Frühjahr in Folge die ›Nikko Blue‹ vollends aus der Fassung. Verlockt von längeren Tagen und wärmeren Temperaturen, hatte meine Heldin triumphierend ausgetrieben. Als der eisige Wind mit Macht zurückkehrte, starben neun Zehntel des neuen Wachstums ab. Aus dieser Tragödie kann man lernen, dass Pflanzen genau wie Menschen Fehlentscheidungen treffen, da auch sie nicht in die Zukunft blicken können. Ebenso kann man daraus lernen, dass der Stress zweier harter Jahre hintereinander die Fähigkeit einer Pflanze, sich zurechtzufinden, ebenso reduzieren kann wie die eines Menschen.

Und wie erging es dem Rest meiner Pflanzen auf der Nordseite? Das Geißblatt ›Major Wheeler‹, das sich in der Nähe der ›Nikko‹ ums Geländer rankt, überlebte die Laubschäden und schickte von unten heraus zwei neue Triebe nach oben. Jeder einzelne Blütenstiel des Tränenden Herz, das den niedrigen Topf zwischen der ›Nikko‹ und dem ›Major‹ bewohnt, wurde vom Wind abgeknickt. Diese geliebte langjährige Terrassenbewohnerin ist immer die Erste, die im Frühjahr blüht, und muss oft dafür leiden. Zu meinem Glück brachte sie aber einen zweiten, wenn auch bescheideneren Blütenflor hervor. Eine Taglilie, die ich selbst gezüchtet hatte, starb.

Ich bin emotional immer noch zu sehr mit der ›Nikko Blue‹ verbunden, um mich von ihr zu trennen. Während ich erneut versuche, sie zu ihrer ehemaligen Pracht aufzupäppeln, rechne ich nicht mit dem Überleben der rosa Tellerhortensie und habe, um auf Nummer sicher zu gehen, eine junge blaue Tellerhortensie in den Topf der toten Taglilie gepflanzt. Der Neuling heißt bei uns ›Teller Blue‹, in seiner europäischen Heimat nennt man ihn ›Blaumeise‹. Die Teller-Serie robuster Hortensien wurde, von der Regierung gefördert, in der Schweiz entwickelt. Ich liebe es, derartige Dinge in Erfahrung zu bringen.

Meine dreißigjährigen Geranien

In den 70er Jahren hatte Greenwich Village in der Hudson Street sein eigenes Gartencenter, eine wunderbare Einrichtung, wo man über Kieswege schlendern und unerwartete Schätze entdecken konnte. An einem Sommertag kaufte ich dort ein paar Miniatur-Geranien. Okay, korrekt heißen sie Pelargonien bzw. *Pelargonium*, aber wir bleiben bei den Geranien. Wie wohl die meisten Leute hatte ich noch nie eine Mini-Geranie gesehen. Jeder kennt die großen, weil sie einfach überall sind. Diese hier waren vielleicht 15 Zentimeter hoch und hatten kleine runde Blätter und hübsche, ungefüllte Blüten. Das Gartencenter – wie sehr ich es vermisse! – hatte zwei namentlich benannte Sorten im Angebot, beide zweifarbig lachs- und blassrosa. Die eine war mehr lachsrosa, die andere mehr blassrosa. Ihre einfallslosen Namen lauteten ›Pixie‹ und ›Fairy‹. Ich kaufte von jeder Sorte zwei Stück und pflanzte sie in einen Rotholzkasten in Nut-und-Feder-Verarbeitung. Auf die unbekümmerte Art von Geranien wuchsen und gediehen sie und blühten trotz des Winds unverdrossen vor sich hin.

Am Ende der Saison brachte ich es nicht übers Herz, mich von den kleinen Schmuckstücken zu trennen. Ich grub sie aus, teilte sie, schnitt ihre Wurzeln auf handhabbare Größe zurück, kappte ein paar der fleischigen Stiele, die dick und unansehnlich geworden waren, stopfte die Mini-Geranien in kleine Plastiktöpfe mit frischer Erde und gab ihnen reichlich zu trinken, um zu verhindern, dass sie ein Trauma erlitten. Ich hoffte, sie im Haus auf einer sonnigen Fensterbank über den Winter zu bringen und dass sie dort vielleicht sogar weiterblühen würden. Eine Zeitlang stand es auf der Kippe. Sie verloren Blätter und mussten häufig besprüht werden, damit sie besser mit der heißen Heizung unter ihren Füßen zurechtkamen, aber sie gewöhnten sich an die neue Umgebung und blühten tatsächlich weiter, wenn auch ein bisschen lustlos.

Nach dem Muttertag, meinem Fixtag, ab dem man normalerweise vor plötzlichen Frösten sicher ist, stellte ich die Mini-Geranien wieder nach draußen, wobei ich mich minutiös an den von einem Experten angeratenen Abhärtungsprozess hielt. Am ersten Tag kamen die Töpfe eine Stunde an einen schattigen Platz im Freien. Am zweiten billigte ich ihnen zwei Stunden draußen zu und so weiter und so weiter. Am Ende der Woche durften sie zum ersten Mal draußen übernachten und waren anschließend bereit, endgültig ausgepflanzt zu werden. Ich reicherte die Erde in ihrem Rotholzkasten an, buddelte die erforderlichen Löcher, klopfte die Pflanzen aus ihren Töpfen, breitete ihre Wurzeln aus und setzte sie in ihre Sommerbehausung.

Seit nunmehr dreißig Jahren halte ich mich an diese

»Geranien rein, Geranien raus«-Methode, wenn auch nicht mehr ganz so minutiös wie früher. Einen November wartete ich zu lange damit, sie ins Haus zu holen, und die meisten von ihnen erfroren. In einem Mai sagte ich, zum Teufel mit der Abhärtung, und pflanzte die Geranien ohne Vorbereitung nach draußen. Sie litten, erholten sich aber wieder. Ich bewurzelte frische Stecklinge, indem ich sie in ein Bewurzelungshormon stippte, bevor ich sie in kleine Töpfe mit frischer Erde setzte und diese in Plastikfolie einwickelte, damit sie es schön feucht hatten. Dann fand ich heraus, dass die kleinen Stecklinge auch ohne das Hormon in Wasser Wurzeln schlagen und dann in kleine Töpfe gesetzt werden können. Es gibt Jahre, in denen ich keine Stecklinge schneide, aber dann habe ich das Problem, dass die Stängel dicker werden und die Mini-Geranien beim Auspflanzen viel größer sind. Im Lauf der Zeit haben sich meine beiden Sorten zweifarbiger lachs- und blassrosa Geranien aneinander angeglichen und sind nicht mehr voneinander zu unterscheiden. Ich weiß nicht, welche der beiden Sorten verloren ging, aber es spielt auch keine Rolle.

Was eine Rolle spielt, ist die Tatsache, dass Mini- und Zwerg-Geranien, eine Unterscheidung für Erbsenzähler, heutzutage in amerikanischen Gartenzentren nicht mehr erhältlich sind, während man die großen allerorten findet. Große Geranien sind die schnelle Lösung, wenn man im Sommer Farbe haben will, aber die kleinen sind so speziell und so perfekt für eine Stadtterrasse, und leider so schwer zu finden. Offenbar ist ihre Nische zu klein, um damit große Geschäfte zu machen. Sehr spät eines Abends, als ich im Internet surfte, fand ich eine Online-Quelle – einen kleinen Betrieb namens Hobbs Farm im ländlichen Maine, geleitet von einer gewissen Lorraine Smith, die dabei von ihrem Mann unterstützt wird. Ich sicherte mir ihre vier restlichen ›Telstars‹ und war so aufgeregt, dass mir fast die Tränen kamen.

In ihrem ersten Sommer auf der Terrasse taten die ›Telstars‹ nichts anderes, als Laub hervorzubringen. Ich stellte sie für ihren Winteraufenthalt auf dieselbe sonnige Fensterbank, auf der die ›Pixies‹ (oder die ›Fairies‹?) überwintern, und setzte sie im folgenden Frühjahr in einen eigenen Kübel. Sie überraschten mich damit, dass sie nonstop blühten. Auch ihre Farbe war eine Überraschung. Laut Lorraine Smith' Beschreibung sind sie dunkelrosa; meine ›Telstars‹ sind leuchtend kardinalrot. Sind es vielleicht keine ›Telstars‹? Liegt es daran, dass ich eine andere Blumenerde verwende als Lorraine Smith? Aber ich beklage mich nicht. Ich habe jetzt zwei völlig unterschiedlich aussehende Mini-Geranien, und in manchen Jahren habe ich so viele davon, dass ich sie weiterverschenken kann.

Zur Erinnerung: Der beste Monat für Geraniensteckinge ist der August.

Meine Erfahrungen mit Schwertlilien

Es gab eine Zeit, da mied ich Frühblüher (ausgenommen meine geliebte Pfingstrose), weil ich vom Frühjahr bis zum Herbst überall Farbe haben wollte, aber inzwischen bin ich bereit, mich auch auf flüchtigere Freuden einzulassen. Und so halte ich immer ein paar mittelgroße Töpfe für alles bereit, was mir so in den Sinn kommt. Hätte ich meine Regel in Bezug auf Kurzzeitblüher nicht gelockert, hätte ich die Chance verpasst, viele gefeierte Schönheiten kennenzulernen.

An einem Strauß Schwertlilien vom Floristen hat man allerhöchstens drei Tage Freude. Selbstgezogene Schwertlilien dagegen bieten einem Wochen nervenzerreißendster Spannung, gefolgt von ein paar Tagen aufregender Belohnungen, und anschließend bleiben einem Laubbüschel, die für den Rest des Jahres interessant genug aussehen. Den Züchtern sei Dank, die die Höhen- und Breitenbeschränkungen der kleineren Gärten von heute erkannt haben.

Überwältigt vom riesigen Angebot, entschied ich mich für eine sechzig Zentimeter hohe ›Batik‹, von der ich dachte, sie würde sich in einem Topf ganz gut machen und die ich bei Jung in Wisconsin bestellte, die sich auf Pflanzen spezialisiert haben, die als problemlos gelten. Im Katalog hieß es, die ›Batik‹ sei eine »Neuheit«, was ich amüsant fand, weil jede Schwertlilie oder *Iris*, wie der lateinische Name lautet, für mich eine Neuheit war. Ich pflanzte die Rhizome mit den beschnittenen Blättern im Herbst, dem richtigen Zeitpunkt, damit die ›Batik‹ sich vor dem Winter eingewöhnen und mit Wachsen anfangen konnte. Prompt kamen neue Blätter zum Vorschein und hielten sich den ganzen Winter über. Im Mai öffneten sich nacheinander sechs riesige violette Blüten mit weißen Adern an einem einzigen Stängel.

Für eine Anfängerin auf dem Gebiet der Schwertlilien war die ›Batik‹ ein Glücksfall und eine Lehre, und sie brachte mich zum Lächeln. Ihre weißen Adern auf Veilchenviolett erinnerten mich nämlich an ein Batik-T-Shirt, das ich mir einmal in Indien gekauft hatte. Ignorant, wie ich war, hielt ich die flauschigen gelben Streifen auf den unteren Blütenblättern für schlafende Raupen, bis ich versuchte, eine davon wegzukratzen. Die Erleuchtung erfolgte durch ein paar Online-Klicks. Ach so – die ›Batik‹ war eine Bartschwertlilie, eine berühmte und vielfach gezüchtete Klassifizierung innerhalb der Iris-Familie, die ich noch nie unter den Bambusmarkisen der nahe gelegenen Feinkostgeschäfte gesehen hatte, wo ich oft Saisonblumen kaufe.

Im zweiten Jahr produzierte die ›Batik‹ sieben Stängel mit riesigen, bärtigen Blüten, die ebenfalls an gebatikte T-Shirts aus Hippie-Zeiten erinnerten, und das tut sie seitdem jedes Frühjahr mit schamloser Extravaganz. Auf der Negativseite ist zu vermerken, dass die kopflastigen Stängel bei starkem Regen leicht umkippen. Und auf der Positivseite, dass ich, wenn ich meine Nase direkt in die Blüte stecke, in eine Kandiszuckerwelt versetzt werde.

An einem bewölkten Tag fuhr ich mit Freunden in die Presby Memorial Iris Gardens in New Jersey. Es war das erste Mal, dass ich Massen von Schwertlilien auf offenem Gelände sah. Die Kuratorin des Gartens saß in einem offenem Schuppen, um Besucher zu begrüßen, die teils Hunderte von Meilen mit gut eingewickelten Blütenstielen aus alten Gärten angereist kamen und hofften, die Expertin könne ihre ererbten Schätze identifizieren. Ich stellte mich unverfroren in die Schlange, um mich nach meiner Iris zu erkundigen – und konnte mich, aufgeregt wie ich war, nicht mehr an den Namen erinnern.

»Äh, ich finde, sie sieht aus wie ein Hippie--T-Shirt.«

»Meinen Sie die ›Batik‹?«, kam es wie aus der Pistole geschossen. Ich bedankte mich und floh.

Die ›Batik‹ und ihresgleichen zeichnen sich durch gebrochene Farben aus, das Ergebnis einer genetischen Instabilität. Ihre Streifen und Adern sind immer anders, selbst an ein und demselben Stängel, ein Phänomen, das mir erst das Gefühl gab, etwas falsch gemacht zu haben, bis ich mehr darüber las. Manche Iriszüchter bezeichnen die mit den gebrochenen Farben als »weirdos« (komische Käuze) und »Oddballs« (Sonderlinge) und lieben sie heiß und innig. Allan Ensminger, ein Gründer der Iris-Gesellschaft in Lincoln, Nebraska, führte die ›Batik‹ 1986 ein. Tagsüber leitete er die Hydraulik-Abteilung der Firma Goodyear Tire and Rubber. In seinem Leben als Iris-Züchter wurde er von seinen Freunden in Anlehnung an »Der Zauberer von Oz« liebevoll »Der Zauberer von Odds« genannt.

Mein Erfolg mit der ›Batik‹ erstaunte mich, weckte in mir aber auch die Sehnsucht nach einer eleganteren, weniger auffälligen Iris ohne Bart. Ich machte einen Kübel frei und pflanzte die 60 Zentimeter hohe *Iris siberica* ›Ruffled Velvet‹, die 1980 von Dr. Currier McEwen aus Harpswell, Maine, eingeführt wurde. Dr. McEwen war eigentlich Rheumatologe und Dekan der medizinischen Fakultät der New York University und fing erst mit 60 Jahren mit dem Züchten an. Seine ›Ruffled Velvet‹, Gewinnerin vieler hoher Auszeichnungen und Preise, sieht zwar zart aus, ist aber sehr robust. Sie hat überhaupt nichts Überkandideltes an sich, sondern zeigt nur ein zartes Goldmuster in der Mitte der unteren Blütenblätter (In der Iris-Nomenklatur, einer ganz eigenen Sprache, heißen die nach oben gerichteten Blütenblätter »Domblätter«, die nach unten gerichteten »Hängeblätter«).

Nachdem ich alles, was ich konnte, über die Schöpfer meiner beiden Iris in Erfahrung gebracht hatte (obsessive Gewohnheiten; verständnisvolle Ehefrauen; produktiv bis ins hohe Alter von über neunzig Jahren), hatte ich das Gefühl, dass mir etwas entgangen war. Gut, man führt seine Kreuzung durch, wickelt die Empfängeriris ein, etikettiert sie und notiert alles mit größter Sorgfalt, aber wie macht man seine Iris in der Welt bekannt? Diese Info bekam ich von einem kommerziellen Versandhändler, nachdem ich ihm versprochen hatte, meine Quelle nicht preiszugeben.

Die Iriszucht ist ein faszinierendes Hobby, aber wenn man seine Iris in Umlauf bringen will, muss man intensive Lobbyarbeit betreiben. Als Erstes tritt man der amerikanischen Iris-Gesellschaft (AIS) bei; dann organisiert man in seinem Heimatort eine Lokalgruppe und engagiert sich aktiv in den Regionalgruppen. Man baut seinen Bestand der eigenen Züchtung aus und freundet sich mit Iris-Liebhabern auf den unterschiedlichsten Ebenen der AIS-Hierarchie an, die Neuzüchtungen beurteilen und bewerten. Man registriert seine Iris bei der AIS und gibt ihr einen vorläufigen Namen – allerdings kann man seine so gut wie schwarze Hybride nicht »Bestes Schwarz aller Zeiten« oder sonstwie nennen, was eklatant aufdringlich klingt oder in Frage gestellt werden könnte. Man füllt ein Formular aus, in dem man die Vorfahren der neuen Iris angibt, also sowohl Mutter- als auch Vaterpflanze samt deren Vorfahren, und zwar so weit zurück, wie es nur irgend geht. Wenn man dann von der AIS grünes Licht bekommt, nehmen befreundete Irisliebhaber, die kleine Verkaufskataloge veröffentlichen, die Neuschöpfung mit Beschreibung und Preisangabe in ihren Katalog auf. Kommerzielle Händler mit dicken Hochglanzkatalogen und gigantischem Direktversand studieren die kleinen Kataloge; wenn eine neue Iris ihnen gefällt, kaufen sie drei Pflanzen und beobachten mehrere Jahre lang, wie sie sich auf ihrem eigenen Versuchsgelände machen. Und wenn dort alles super läuft, nimmt der große kommerzielle Katalog die Iris mit einem wunderschönen Foto auf, und ein neuer Stern am Irishimmel ist geboren.

Züchter verdienen kein Geld mit ihrem Iris-Starruhm, vom Verkauf der drei Exemplare aus dem kleinen Katalog, in dem die Pflanze dem kommerziellen Riesen ins Auge fiel, einmal abgesehen. Was sie bekommen, ist die Freude darüber, ihre Iris unter den ganz Großen abgebildet zu sehen und sich in ihrem widergespiegelten Glanz zu sonnen. Das heißt, es gibt noch ein paar zusätzliche Vorteile und Gelegenheiten. Neue Züchter werden eingeladen, auf Regionaltreffen zu sprechen; vielleicht werden sie sogar gebeten, einen Artikel für eine Iris-Publikation zu schreiben. Natürlich züchten sie weitere Hybriden und manchmal schlägt der Blitz noch einmal ein, so wie er es für Dr. McEwen viele Male tat.

Das gezeichnete Goldmuster auf McEwens ›Ruffled Velvet‹ sieht irgendwie heraldisch aus. Manche Heraldiker glauben übrigens, dass die goldene Fleur-de-Lis, das Symbol der französischen Monarchie, eine stilisierte Schwertlilie ist. Andere behaupten, es sei eine stilisierte Lilie. Wie auch immer. Hinzuzufügen wäre vielleicht noch, dass ich meiner Iris-Sammlung – also den beiden Töpfen mit der ›Batik‹ und der ›Ruffled Velvet‹ – einen stickstoffarmen Dünger kaufte, den Schwertlilien angeblich lieben. Leider vergesse ich ständig, ihn auch zu benutzen. Vielleicht denke ich nächstes Frühjahr daran.

Einjährige außer Rand und Band

Je älter ich werde, desto mehr schätze ich die Einjährigen, die man sich einfach greift und irgendwo hinpflanzt. Jedes Frühjahr bestücke ich diverse Töpfe mit einer kleinen Schar Auserwählter, die niedrigwüchsig und extrem blühfreudig sind und mich mit Farbe umgeben, bis sie vom ersten starken Frost dahingerafft werden. Ich kaufe die Jungpflanzen zwei Straßen weiter auf dem Markt auf dem Abingdon Square, der jeden Samstagmorgen stattfindet. Es empfiehlt sich, diese Käufe schon früh zu tätigen, wenn die Lastwagen noch entladen werden. Die Gärtnerei Conklyn's aus Rockland County ist unser lokaler Pflanzenlieferant und verkauft außerdem die besten Cider-Doughnuts der Welt, und ich weiß wirklich nicht, wieso sie uns nach dem Memorial Day-Wochenende verlassen und ihren Stand woanders aufbauen wollen. Wir brauchen sie *hier*. Lokale Bauernmärkte sind für Stadtbewohner so wichtig. Natürlich könnte ich meinen Einkaufstrolley auch auf den riesigen Markt am Union Square schleppen, und manchmal mache ich das auch, aber der Union Square, wo große Restaurants ihre frische Ware einkaufen, ist kein Ort, wo man auch einmal einen netten Schwatz mit den Nachbarn halten kann.

Was wir in unseren gemäßigten Klimazonen als Einjährige bezeichnen, sind für gewöhnlich Mehrjährige aus tropischen und subtropischen Gegenden, die im achtzehnten und neunzehnten Jahrhundert von europäischen Pflanzenjägern »entdeckt« und per Schiff in die botanischen Gärten der westlichen Welt verfrachtet wurden, wo sie so hochgezüchtet wurden, dass sie kaum noch wiederzuerkennen sind.

Ich habe keinen festen Platz für meine Einjährigen, sie kommen dahin, wo sie meiner Meinung nach gebraucht werden. Ich pflanze sie an bewölkten Tagen oder spätnachmittags, gieße sie durchdringend, um den Schock zu mildern, den sie erleben, wenn sie aus ihren alten Töpfen herausgezerrt werden, nur um gleich dem nächsten Schock ausgesetzt zu werden, nämlich dem, dass ich ihre Wurzeln energisch entwirre und ausbreite. Manchmal sehen sie aus, als hätten sie erst ein paar Stunden in ihren Töpfen verbracht, manchmal lassen sie sich kaum daraus lösen. Was den Pflanzabstand angeht, halte ich mich nicht an die gedruckten Anweisungen auf den Schildchen, sondern quetsche sie dicht nebeneinander, um gleich eine schöne Wirkung zu erzielen. Zusätzlich zu meiner kleinen Sammlung von Einzeltöpfen benutze ich auch einen tiefen, geräumigen Kübel, in dem (wie schockierend) auch eine Staude wachsen könnte, weil die außer Rand und Band blühenden Einjährigen vor einem Fenster so eine Augenweide sind.

Bepflanzungen nach der Methode Leitpflanze, Füllpflanze, Hängepflanze haben viele Anhänger. Es geht dabei darum, Einjährige mit drei unterschiedlichen Wuchsgewohnheiten zusammen in einen Kübel zu setzen; auf meinen Spaziergängen durch die Stadt habe ich wundervolle Beispiele für diese Methode gesehen. Eine hohe Pflanze in der Mitte ist die Leitpflanze, der Hingucker. Umgeben ist sie von niedrigeren Pflanzen, die den Kübel ausfüllen, während ein paar Hängepflanzen über den Rand ranken. Ich habe es einmal mit dieser Methode versucht, mit einer Ziersüßkartoffel als Hängepflanze, und sie riss die ganze Show an sich. Danach habe ich die Trios gelassen, nicht wegen der ungestümen Süßkartoffel, sondern weil es mir einfach lieber ist, nur eine Sorte in einem Topf zu haben.

Nachdem ich die Studentenblumen jahrzehntelang aus unangebrachtem Snobismus ignoriert hatte – zu gewöhnlich, zu grell, zu unromantisch – begeistert es mich inzwischen, einen ganzen Teppich von Zwergen zu haben, die buschig und kaum höher als 30 Zentimeter sind und die von der Sämerei W. Atlee Burpee in den 1920er Jahren unter dem Namen »French« eingeführt wurden. Die dicht gepackten Petalen der fünf Zentimeter großen Blüten verdecken das gezackte Laub mit kühnen, orange-rostroten, gelb-rostroten und einfarbig gelben oder orangen Pompons. Französische Botaniker waren die Pioniere bei der Züchtung von Zwerg-Studentenblumen, und französische Meistergärtner waren die Ersten, die sie als Beetpflanzen in formalen Parterres einsetzten, aber nichts an diesen kleinwüchsigen Pflanzen ist besonders französisch. Übrigens heißen die »Aufrechten Studentenblumen« bei uns »African«, was auch eine Fehlbenennung ist, denn sie sind nicht in Afrika heimisch, sondern stammen aus Mexiko und Mittelamerika. Wenn Sie wollen, können Sie alle Studentenblumen auch *Tagetes* nennen, wie der wissenschaftliche Name lautet, den Carl von Linné ihnen verlieh, aber Sie müssen nicht.

Wie bereits erwähnt, in den wärmeren Gegenden Amerikas heimisch, wurden die Studentenblumen von teils weit entfernten Orten adoptiert, wo sie oft eine spirituelle Rolle spielen. Traditionell schmücken Studentenblumengirlanden bei den Feierlichkeiten am Tag der Toten in Mexiko die Gräber. In Indien, einem Land, das die Studentenblumen mit ungebremster Leidenschaft übernahm, werden die Blütenblätter bei hinduistischen Festlichkeiten auf die Altäre gestreut, und die Blüten werden zu Ketten aufgefädelt, die man Würdenträgern um die Schultern legt. Aus dem Fernsehen weiß ich, dass Indira Ghandi gelegentlich genervt war von der ihr aufgebürdeten Last und die Girlanden-Drapeure ungeduldig beiseitewedelte, wenn es ihr zu viel wurde. Und dann gibt es natürlich noch *The Best Exotic Marigold*

Hotel, den britischen Film über Rentner und späte Liebe, der in Jaipur gedreht wurde, einer in Studentenblumen schwelgenden Stadt. Hier bei uns war David Burpee, der Sohn von Washington Atlee Burpee, dem Begründer von Burpee Seeds, in den 1960er Jahren ein derartiger Studentenblumen-Fan, dass er sich in Washington als Lobbyist betätigte, um sie zu unserer nationalen Blume zu machen, aber diese Ehre ging an die Rose.

Ich selbst mache mir keine Arbeit mit den Samen der Studentenblume, aber Bekannte von mir sammeln sie, um sie im nächsten Frühjahr auszusäen – die schimmernden schwarz-weißen Nadeln sehen übrigens völlig anders aus als alle anderen Samen, die ich kenne. Ich selbst kaufe die robusten Schönheiten palettenweise im Frühjahr, wenn sie vor Knospen nur so strotzen und sie zum weiterwachsen nichts anderes brauchen als Sonne, Wärme und Wasser. Und natürlich muss man alle Blüten abknipsen, die ihren Höhepunkt überschritten haben, eine unverzichtbare Aufgabe, die das Wachstum neuer Knospen und Blüten fördert. Manche Gärtner empfinden den stechenden Geruch der Studentenblumen als abstoßend; ich dagegen mag ihn eher und genieße es, mit den Fingern durch die Blätter zu streichen. Nebenbei gesagt, macht es richtigen Spaß, die welken Blüten abzuknipsen, was man von den meisten anderen Blumen nicht behaupten kann. Wenn man eine welke Studentenblüte abknipst, hört man nämlich ein Pop. Ein sehr deutliches Pop. *Pop, pop*, schon sind die Köpfe ab. Ein Kübel mit Studentenblumen, die brav abgeknipst wurden, kann sogar mehrere Herbstfröste überstehen.

Einem Impuls folgend, griff ich mir in einem Frühjahr drei kleine Gazanien für einen Kübel, den ich eigentlich für eine Staude vorgesehen hatte. Ehrlich gesagt, hatte ich die Gazanien mit der Kokardenblume verwechselt, einer mehrjährigen, in der amerikanischen Prärie heimischen Pflanze, die ich dann erst später kennenlernte und nicht mochte. Jedenfalls blühten die Gazanien weit über meine Erwartungen hinaus, obwohl die eleganten, über sieben Zentimeter großen Blüten leuchtend orange waren und es auf meiner Terrasse mit den Studentenblumen schon genug Orange gab. Ein paar Wochen später war ich wieder auf dem Markt und entdeckte ein paar vanillefarbene Gazanien. Was war denn das? Ich hatte angenommen, dass die Gazanien, auch Mittagsgold, Mittagsgoldblumen oder Sonnentaler genannt, immer gelb oder orange sind, aber die Wunder der selektiven Züchtung haben die Palette auf Lila, Rosa, Vanille und sogar Rot ausgedehnt, und außerdem gibt es auch gestreifte in Kontrastfarben.

Mr. Conklyn, unser vorhin schon erwähnter lokaler Pflanzenhändler, verkaufte sie in 6er-Paletten; ich murmelte vor mich hin, ich hätte nur Platz für drei –

nicht um zu feilschen, ich dachte einfach nur laut. Es war schon ziemlich spät, und wahrscheinlich wollte Mr. Conklyn einfach nur zusammenpacken und nach Hause fahren. Jedenfalls schenkte er mir eine ganze 6er-Palette. Und ich wurde unverzüglich zur leidenschaftlichen Gazanien-Anhängerin.

Gazanien sind in Südafrikas Küstendünen und Wüstenregionenen heimisch, was heißt, dass sie Trockenheit und Wind tolerieren, aber natürlich keinen New Yorker Winter, weswegen sie bei uns als Einjährige behandelt werden müssen, die man am Ende der Saison wegwirft. Gazanien sind irgendwie sonderbar. Das heißt, lassen Sie mich das umformulieren in die Aussage, dass *meine* Gazanien irgendwie sonderbar sind. Typischerweise schließen sich ihre Blüten bei Nacht und öffnen sich bei Tagesanbruch. Meine Gazanien schließen sich Abends wie nach der Uhr, aber im Frühling öffnen sie sich erst um neun oder zehn Uhr morgens. Ich grübelte über diese Faulheit nach, bis ich darauf kam, dass ich sie an einen weniger als optimalen Standort gestellt hatte.

Meine Gazanien wachsen in niedrigen Behältern, die sich unter dem riesigen Kübel für die Rose ›Bonica‹ an die westliche Terrassenbrüstung schmiegen. Dieser Standort ist für die Rose (und für meine menschliche Höhe) vollsonnig, nicht jedoch für die Gazanien. Im Frühjahr, wenn die Sonne beim Überqueren des Himmels einen niedrigen Bogen beschreibt, sitzen die Gazanien den halben Vormittag im Schatten – es dauert Stunden, bis die Strahlen der Sonne sie erreichen und ihre geschlossenen Blüten erwärmen, damit sie den Tag begrüßen können. Im Sommer, wenn der Weg der Sonne über den Himmel höher verläuft, öffnen sich die Gazanien viel früher. Vermutlich könnte ich sie auf die Südseite meiner Terrasse umquartieren, die morgens immer Sonne hat, aber die Südseite ist bereits vollgepackt mit Rosen, dem Sommerflieder, der Pfingstrose, Taglilien, Clematis und ein paar Kräutern.

Eine welke Gazanie kann abgeschnitten oder abgezwickt werden. Wie genau das geschieht, ist der Gazanie völlig egal, aber wenn man sie abzwickt, werden die Finger klebrig von ihrem milchigen Saft, was wirklich unangenehm ist. Außerdem lässt sich die Decibelhöhe des Abzwickens nicht mit dem schönen, befriedigenden *Pop* der Studentenblumen vergleichen. Womit ich sagen will, dass es kein Vergnügen, sondern Arbeit ist, die welken Gazanienblüten abzuzwicken, aber ein Kübel voller blühender Gazanien ist wirklich eine große Freude.

»Was ist denn das?«, fragte ich irgendwann im Hochsommer, einer Zeit, zu der überproduzierte Pflanzen zu sehr verlockenden Preisen angeboten werden, auf dem Markt am Union Square. In der Hand hielt ich einen Papptopf mit niedrigen, hängenden, dichtbelaubten Trieben mit seltsamen, violettblauen Blüten. Sie bestanden alle aus einem Halbkreis von Blütenblättern, die die winzige Mitte umgaben, so als sei ein kompletter Kreis in der Mitte durchgeschnitten worden.

»Eine Fächerblume«, antwortete ein Mitarbeiter, als müsste ich den Namen kennen.

»Fächer? Einfach nur Fächer?«

Er nickte.

»Gibt es keinen wissenschaftlichen Namen?«

Er fragte bei seinem Boss nach und berichtete: »*Scaevola*.«

»Ach ja, natürlich«, log ich.

Ich nahm die ungewöhnliche Pflanze mit nach Hause und setzte sie in einen größeren Topf, den ich neben eine Iris quetschte, die für dieses Jahr ausgeblüht hatte. Sie gewöhnte sich ein und breitete sich schnell aus. Immer neue fächerförmige Blüten zeigten sich an den Spitzen und Seiten der Triebe. Jeder der aus fünf Blütenblättern bestehenden Fächer war nur ungefähr zweieinhalb Zentimeter groß, aber ihre Vielzahl machte die winzige Größe wett. Ich war überrascht und entzückt. Zudem musste der Neuankömmling nicht ausgeputzt werden und verabschiedete sich nach dem ersten starken Frost.

Die Fächerblume (ich glaube nicht, dass ich sie *Scaevola* nennen werde) ist im subtropischen Westaustralien mehrjährig und wurde in den letzten Jahren für den Export weitergezüchtet. Sie muss im amerikanischen Norden als einjährig angesehen werden und lässt sich nur schwer über Samen vermehren. Online habe ich gelesen, dass auch weiße und lila Fächerblumen erhältlich sind, aber die violettblauen sind und bleiben die beliebtesten. Züchter von Fächerblumen sorgen sich wegen des begrenzten Farbspektrums, da die Devise auf einem kompetitiven internationalen Markt »neu« lautet, aber ich liebe Violett und mache mir darüber keine Sorgen. Ich hoffe einfach nur, dass ich jedes Jahr einen Topf mit dieser Sensation finden werde.

Wo wir gerade beim Thema violett sind, sollte ich die Sonnenwende (Heliotrop) erwähnen, die in Peru, wo sie »entdeckt« wurde, mehrjährig ist, aber fast überall in diesem Land als einjährig angepflanzt wird. Zwergzüchtungen sind perfekt für hochgelegene sonnige New Yorker Terrassen wie meine. Im Kapitel über Schmetterlinge im Garten spreche ich des Längeren über die Sonnenwenden, weil sie ein Magnet für Schmetterlinge sind. Der Trick besteht darin, eine Jungpflanze zu finden, die in einem Gewächshaus vorgetrieben wurde. Die ›Marine‹ mit ihren dunkelvioletten Blüten und ihrem wundervollen Vanilleduft ist die beliebteste Kultursorte unter den Zwergen. Die ›Iowa‹ ist größer und angeblich bei kühlem Wetter lavendelfarben und bei heißem blauviolett und hat einen weinähnlichen Duft. Dieses Frühjahr werde ich es mit der ›Iowa‹ versuchen. Bei allen Sonnenwenden ist zu beachten, dass sie giftig und für den Verzehr ungeeignet sind, also verzehren Sie sie nicht.

Vor vielen Sommern erstand ich ein Päckchen Portulakröschensamen der Sorte ›Grandiflora‹. Portulakröschen sind niedrigwüchsig und einjährig, werden vielleicht 13 Zentimeter hoch und dreißig Zentimeter breit und sind in Blumenkästen auf Fenstersimsen und Balkonen allgegenwärtig. Wie angewiesen mischte ich die winzigen schwarzen Samen mit trockenem Sand, ließ sie auf kahle Stellen in mehreren Kübeln rieseln und drückte sie sanft fest. Seitdem gab es auf meiner Terrasse keinen einzigen Sommer ohne irgendwelche selbst ausgesäten Portulakröschen.

Ein Selbstaussämling, auch Voluntärpflanze genannt, ist eine Pflanze, die Sie nicht selbst gesät haben, aber trotzdem behalten wollen. Ein Unkraut dagegen ist etwas, was Sie auch nicht gesät oder gesetzt haben, aber auf keinen Fall behalten wollen. Portulakröschen sind sehr erfolgreiche Selbstaussämlinge. Sie verbreiten ihre zahlreichen Samen im Herbst, normalerweise mit dem Wind, und bereiten auf diese Weise die Bühne dafür vor, dass im nächsten Sommer irgendwo anders neue Pflänzchen wachsen. Die Verbreitungsfähigkeit der Portulakröschen ist legendär, die neu sprießenden fleischigen Blätter sind leicht zu erkennen, und die zwei Zentimeter großen, napfförmigen Blüten, gleich ob gefüllt oder ungefüllt, sind zahlreich und hübsch. Die Pflanzen müssen weder ausgeputzt noch zurückgeschnitten werden, außer die Triebe werden zu lang und sparrig.

Portulakröschen sind in Brasilien und Argentinien heimisch und gedeihen am besten in einem trockenen, sonnigen Klima. Vor zweihundert Jahren sammelte John Gillies, ein schottischer Amateurbotaniker, die Samen auf der sandigen Erde der Ausläufer der Anden und schickte sie zusammen mit diversen Kakteen per Schiff an W. J. Hooker, Glasgows berühmten Pflanzenklassifizierer, womit er ihre Verbreitung rund um die Erde auslöste.

Die heutigen Portulakhybriden bleiben auch an wolkigen Tagen geöffnet und es gibt sie in allen möglichen Schattierungen von Rosa, Scharlach, Lachs, Pink, Orange, Gelb und Weiß. Manchmal haben sie auch gemusterte Gesichter. Meine siedeln sich leidenschaftlich gern in den Fugen des Terrassenpflasters und manchmal auch in den Taglilientöpfen an. Anfang Sommer erscheinen als Erstes die Gelben und die Weißen – ich rupfe sie aus und werfe sie weg und warte auf die in Rosa, Pink und Rot, von denen ich weiß, dass sie folgen werden. Was ich offen gestanden nicht weiß, ist, ob die neuen Pflänzchen jedes Sommers von meinen eigenen Portulakröschen stammen, oder von Samen, die aus den Gärten anderer Leute herbeigeweht wurden. Ich weiß jedoch, dass ich die Sämlinge auszupfen und an jede x-beliebige sonnige Stelle setzen kann, wo Füller gebraucht werden, und sie blühen unbeirrt weiter. Vor kurzem habe ich sie dazu verwandt, den Kübel meiner Rose ›Fairy‹ zu unterpflanzen, die einen grausamen Winter nur mit Mühe und Not überstanden hatte.

Niemand hat eine berühmte Ode über das Portulakröschen geschrieben. Die Blüten sind naseweis, niedlich und höchst willkommen, aber anscheinend nichts für lyrische Gefilde. Deshalb habe ich selbst etwas gedichtet: »Portulak, Portulak, was bin ich froh, dass ich dich hab!«

Die Miniatur-Geranien wurden nicht in diese Schwärmerei über meine liebsten Einjährigen aufgenommen, weil sie in meinem Gärtnerleben seit dreißig Jahren eine so große Rolle spielen, dass sie ihr eigenes Kapitel bekommen haben.

Wilder Wein

Der Wilde Wein war meine erste Kletterpflanze überhaupt. Ich pflanzte ihn in zwei schmale, speziell angefertigte, sehr tiefe Holzkisten, die in eine kleine Aussparung auf der Nordwestseite der Terrasse passten. Der Wein mäanderte über die rauen Backsteinmauern, kroch um die Ecke, um sich über die lange Westmauer auszubreiten, und stand kurz davor, eine weitere Ecke zu umrunden und sich an die Kletterrose auf der Südseite heranzumachen – zu jenem Zeitpunkt die energische, blassrosa ›New Dawn‹. Bewaffnet mit meiner Astschere und einer über zwei Meter langen Verlängerung mit Hebel und Zugbändern, sorgte ich dafür, dass der Wein nicht auf das Territorium der Rose übergriff. Umgekehrt galt das Gleiche. Es war schwierig genug, die ›New Dawn‹ an der ihr zugewiesenen Wand handhabbar zu halten.

Der Wilde Wein breitete sich auch über die Nordseite aus, was ich sehr begrüßte. Mit umsichtigen Schnitten hielt ich ihn von einem Fenster fern und versuchte, ihn daran zu hindern, über die Dachbrüstung zu klettern. Die lästige Aufgabe, das vertikale Wachstum unter Kontrolle zu halten, ließ sich am besten bewerkstelligen, indem ich aufs Dach ging und ihn von dort aus zurückschnitt. Vorwärts und aufwärts – größtenteils aufwärts – liegt in der Natur der meisten Kletterpflanzen, ein genetischer Imperativ, der auf einer Terrasse mit festgelegten Grenzen in Schach gehalten werden muss.

Ein paar spezifische Bemerkungen über den Wilden Wein: Der Wilde Wein, eigentlich dreispitzige oder dreilappige Jungfernrebe (*Parthenocissus*), stammt ursprünglich aus Japan und hält sich mit klebrigen Haftscheiben an Mauern oder was auch immer fest. Ich benutze oft Klebeband, um ihn dazu zu überreden, in der Horizontalen zu bleiben, bis er verstanden hat, was ich von ihm will. Der Wilde Wein färbt sich rot, bevor er im Herbst seine dreilappigen Blätter abwirft. Man darf ihn nicht mit dem Gewöhnlichen Efeu (*Hedera helix*) verwechseln, einer völlig anderen Gattung. Der Efeu, auch aus Asien stammend, ist ein immergrünes Gewächs, das weit hartnäckiger und aggressiver ist und mit seinen Haftwurzeln Risse in alten Mauern verursachen kann. Die klebrigen Haftscheiben des Wilden Weins verursachen keine Risse.

Leider ist dieser Unterschied nicht jedem klar. Einmal inspizierte ein Handwerker, der angeheuert worden war, ein Leck in der Wohnung unter mir zu finden, meine Terrasse, bedachte den Wilden Wein mit einem bösen Blick und fing an, ihn mit einem triumphierenden Aufschrei von der Mauer zu reißen, sichtlich in der Erwartung, dass sie auf der Stelle einstürzen würde. Ich schrie ebenfalls. Die Nachbarin unter mir verklagte mich wegen des Schadens in ihrer Wohnung. Der Hausbesitzer, der ebenfalls verklagt wurde, weil er nicht schneller reagiert hatte, um das Leck zu beheben, drohte mir mit Räumung. Ich nahm mir einen guten Anwalt, der mir riet, einen gewieften Ingenieur mit an Bord zu holen. Der gewiefte Ingenieur erhielt die Erlaubnis, die Wohnung unter mir zu inspizieren. Er suchte sie gründlich ab, nahm diverse Messungen vor und fand heraus, dass ein durchgerostetes Rohr in der Wand der Nachbarin der Grund für das Leck war.

Mein Wilder Wein war entlastet. Aber die Verbohrtheit und die Böswilligkeit, der ich begegnete, sind nichts Ungewöhnliches für Gärtner auf Stadtterrassen, die immer die Schuld bekommen, wenn es in einem tiefergelegenen Stockwerk einen Wasserschaden gibt. Ich sage nicht, dass wir nie schuld sind; ich sage nur, dass wir immer als Erste die Schuld bekommen – und nicht nur bei Wasserschäden direkt unter uns. Während dieser schlimmen Zeit in den 1980ern wurde das Gebäude in Eigentumswohnungen umgewandelt, wobei aber einige von uns als Mieter bleiben durften, wozu ich mich entschied. Für eine Übergangszeit wurde ein neuer Hausverwalter ernannt, der sich um einen liegen gebliebenen Stapel von Aufträgen kümmern sollte. Er erstickte fast in Arbeit. Eine Nachbarin aus dem vierten Stock, zu der ich ein gutes Verhältnis hatte, erzählte mir, als sie sich darüber beklagte, dass das Wasser in ihrer Toilette nicht richtig ablief, hätte er gesagt, sie solle sich bitte gedulden, möglicherweise sei der Wilde Wein auf meiner Terrasse schuld daran.

Jahrzehnte später wurde der Wilde Wein vernichtet und mitsamt den Holzkästen im Zuge einer eigentlich hervorragenden, das ganze Gebäude umfassenden Renovierung durch eine neue Verwaltung weggekarrt. Die löchrigen und rissigen Betonböden auf allen Terrassen und Balkonen wurden abgetragen, neu geteert und mit Strukturplatten ausgelegt. Ich liebte die Strukturplatten und tue es immer noch, aber ich konnte mich nicht an das nackte Aussehen meiner Backsteinmauern ohne den Wilden Wein gewöhnen, also kaufte ich in einem Gartencenter einen hübschen Steintrog und pflanzte einen neuen Wilden Wein. Noch hat er die majestätische Größe seiner Vorgänger nicht erreicht und wird es auch nie tun. Der alte Wilde Wein wuchs in zwei tiefen Kisten, nicht in einem einzigen Trog. Da der Wilde Wein am allerliebsten nach oben klettert, gehe ich immer noch aufs Dach, das inzwischen in einen Dachgarten umgewandelt wurde, um das vertikale Wachstum mit meiner Schere zu bändigen.

Nostalgisches Geißblatt

Wer hätte nicht gern ein kletterndes Geißblatt, das sich kaskadenartig über die Veranda ergießt? Diese Wirkung in einem niedrigen Kunststofftrog auf einer Stadtterrasse zu erzielen ist nicht leicht, lässt sich aber bewerkstelligen, zumindest für ein paar Jahre.

Abgesehen vom Duft, liegt der Charme des Geißblatts in seiner Nostalgie. Shakespeare erwähnt es, Geißblattlauben sind ein beliebtes Element in britischen Cottagegärten, und amerikanische Vorstadtveranden werden gern damit berankt. Auch bei Kindern ist das Geißblatt sehr beliebt. In meiner Kindheit in Brooklyn wucherte hellgelbes und weißes Geißblatt an einem Maschendrahtzaun längs der Bahngeleise am Ende unserer Sackgasse. Der Zaun sollte uns davor bewahren, auf die Geleise zu stolpern, wenn ein Güterzug vorbeiratterte; das Geißblatt war der Verschönerung wegen angepflanzt worden. Wir warfen uns gegen die Barriere, zählten die Kohlewaggons und winkten dem Bremser zu, der immer zurückwinkte. Wenn der Tumult vorbei war, zupften wir ein paar Geißblattblüten ab und saugten den Nektar heraus. Erwachsene machten bei diesem Spaß nie mit; sie hüpften auch nicht in Herbstblätterhaufen herum.

Heute weiß ich, dass die süß duftende Kletterpflanze meiner Kindheit das Japanische Geißblatt ›Halliana‹ war, ein ungezügeltes, invasives Gewächs, das im neunzehnten Jahrhundert, aus Japan kommend, bei uns eingeführt wurde. Dieses japanische Geißblatt gilt inzwischen als ökologisches Desaster; mehrere Staaten haben es als umweltschädlich auf den Index gesetzt.

Das Geißblatt kehrte auf Umwegen in mein Leben zurück, und zwar zu der Zeit, als auf der Nordseite meiner Terrasse drei Eiben in Rotholzbehältern wuchsen, die als Sichtschutz dienen sollten. In großen Städten blicken Fenster oft in andere Fenster, und Terrassenwohnungen grenzen oft an andere Terrassenwohnungen. Die Eiben, eine männliche und zwei früchtetragende weibliche, schirmten mein Esszimmerfenster effektiv gegen das Fenster der Terrassenwohnung nebenan ab. Im Frühjahr waren die frischen hellgrünen Triebspitzen eine Freude; die roten Beeren an den weiblichen Pflanzen nährten im Herbst die Vögel. Wenn Schnee auf die Zweige fiel oder sich Eiszapfen bildeten, besaß ich ein zauberisches Winterwunderland. Im Sommer aber empfand ich die düster dunkelgrüne Hecke als bedrückend.

Eine Lösung bot sich an, als ich den britischen Gärtner und Autor Christopher Lloyd las, der schrieb, man könne eine blühende Kletterpflanze dazu bringen, sich durch eine Hecke zu ranken. Ich stopfte die Wurzeln eines amerikanischen Geißblatts, *Lonicera flava*, eine gesittete gelbe Frühlingsblüherin, in einen der beiden Eibenkästen. Sie rankte und verwob sich auch brav, und als sie nach oben hin keine Stütze mehr fand, legte sie sich wie ein Dach über die Eiben.

Mein Laubeneffekt erforderte eine Menge Zurechtgestutze, um die Eiben davon abzuhalten, sich bis an mein Fenster auszudehnen, und das wuchernde Geißblatt daran zu hindern, die unteren Zweige der Eiben zu erwürgen. Aber selbst wenn das Geißblatt blühte, fühlte ich mich von den düsteren Eiben eingeengt. Eiben haben eine jahrtausendealte Geschichte. Sie dienen in formalen Gärten als Hecken und werden außerdem zu allen möglichen Formen zurechtgeschnitten, und sie ragen als knorrige Wachtposten über unleserlichen Grabsteinen auf Dorffriedhöfen auf. In einigen Arten wurden Wirkstoffe gegen Krebs gefunden. Dadurch, dass sie auf der Nordseite meiner Terrasse so viel Platz einnahmen, versperrten sie meinem Nachbarn komplett die Sicht in meine Wohnung, und umgekehrt meine in seine, aber sie versperrten mir auch den Himmel.

Ich weiß nicht mehr, in welchem Jahr der Vorfall sich ereignete, aber ich erinnere mich noch gut daran: an einem warmen Sommermorgen trat ich mit meiner Tasse Kaffee auf die Terrasse und erlebte eine eklige Überraschung. Ein benutztes Kondom war in der

Nacht weich in einer meiner Eiben gelandet. Ich war längst daran gewöhnt, vom Dach geschnippte Zigarettenkippen aufzuklauben, und hatte viermal die traurige Aufgabe, die steifen, federleichten Körper junger Vögelchen aufzulesen, die sich in ihrer Flugbahn verschätzt hatten und in mein Wohnzimmerfenster gekracht waren, aber ein volles Kondom aus den Zweigen einer Eibe zu fischen war, gelinde ausgedrückt, eine einzigartige Erfahrung. Mit einem Humor, den ich selbst nicht aufbringen konnte, meinte ein mitfühlender Nachbar: »Denk positiv. Wer immer sie waren, sie haben es zumindest nicht ungeschützt getrieben.«

Irgendwann nach dem nächtlichen Vorfall mit dem Kondom wurden die Holzkästen mit den Eiben und dem Geißblatt zerschlagen und weggeschafft, damit die Nordbrüstung der Terrasse neu verfugt und verkleidet werden konnte. Ich kann nicht behaupten, dass der Verlust mich niederschmetterte, denn er eröffnete mir einen weiten Blick auf den Himmel, den Fluss und den Fleischverarbeitungsdistrikt. Weniger vorteilhaft war, dass er mir auch einen direkten Blick in die Nachbarwohnung eröffnete und umgekehrt. Die derzeitige Nachbarin, die erst vor kurzem eingezogen war, hatte das Gefühl, ich hätte ihre Magna Charta der Grundrechte verletzt.

»Haben Sie denn nicht immer Eiben auf Ihrer Seite?«, erkundigte sie sich.

»Jetzt nicht mehr«, lautete meine bestimmte Antwort.

Nach dieser bedrückenden, aber höflichen Unterhaltung startete die Nachbarin eine Reihe von Sichtschutzversuchen auf ihrer Seite, seit Neuestem handelt es sich um ein Trio junger Birken, die in mir die Sehnsucht nach den Birken wecken, die ich früher mein Eigen nannte.

Ich meinerseits stellte einen Trog mit Geißblatt auf, der schmalwüchsigen *Lonicera sempervirens* ›Major Wheeler‹, einer nicht-invasiven, unermüdlichen Dauerblüherin mit leuchtendroten, im Inneren gelblich gefärbten Blüten, die etwa dreißig Jahre zuvor von Patricia Wheeler, einer Wildblumenliebhaberin, an der Küste von North Carolina entdeckt worden war. Sie benannte die Pflanze nach ihrem Mann, dem früheren Präsidenten einer Gärtnervereinigung in North Carolina. Ich arbeite inzwischen seit mehreren Jahren mit dem ›Major Wheeler‹. Nach meinen früheren Erfahrungen mit den Geißblättern ›Serotina‹ und ›Goldflame‹ an ungeeigneten Standorten weiß ich, dass ich dem ›Major‹ einen Platz zugewiesen habe, der seine natürlichen Wuchsgewohnheiten beträchtlich einschränkt.

Wenn es nach dem ›Major‹ ginge, würde er zwei Meter hoch und breit werden. Geleitet von meinen grünen Plastikschnüren, hat er sich durch das schmiedeeiserne Geländer gewunden und gerankt und blüht ganz hübsch, aber er ist inzwischen über einen Meter hoch und sucht verzweifelt nach zusätzlichen Stützen nach oben hin, die ich ihm nicht bieten kann. In seinem Überschwang marschiert er längs des Geländers nach Westen, der Nachmittagssonne entgegen und schiebt sich auf die geheiligte Ecke zu, die meiner geliebten Hortensie ›Nikko Blue‹ gehört. Ich stoppe diese Invasion mit meiner Schere in den Anfängen. Ich hätte gern, dass der ›Major‹ nach Osten wandert, in Richtung einer tragenden Wand und dem zurückgesetzten Geräteverschlag, aber dieses Manöver widerspricht seinen phototropischen Instinkten und erfordert eine enorme Zahl von Plastikschnüren.

Ein weiteres Problem liegt darin, dass der Stamm des Geißblatts sich mit der Zeit zu unansehnlichem nackten Holz verdickt. Das passiert bei allen Geißblättern. Ein dickstammiges Geißblatt mag kein Problem sein, wenn die Pflanze im Garten wächst und Sie auf Ihrer erhöhten Veranda sitzen und sich an Blüten und Duft erfreuen, aber meine Terrasse hat nur eine einzige Ebene. Bis jetzt war es noch leicht, den ›Major‹ zu trimmen, aber in ein paar Jahren muss ich die ganze Pflanze wahrscheinlich drastisch zurückschneiden. Mit ›drastisch‹ meine ich, bis hinunter auf die verholzte Basis, eine Prozedur, von der Geißblatt-Experten behaupten, sie fördere das Wachstum neuer blühender Triebe. Sollte ich mich gegen das extreme Zurückstutzen entscheiden – im Grunde würde es bedeuten, ganz von vorn anzufangen –, werde ich die Pflanze aus ihrem Trog ausgraben und durch eine neue, junge ›Major Wheeler‹ ersetzen. Ständiger Ersatz ist vielleicht die beste Möglichkeit, dieses Geißblatt auf meiner Terrasse zu halten.

Hilfe für eine Clematis

Habe ich einer Clematis je eine wirkliche Chance gegeben? Die Clematis, im Plural ebenfalls Clematis, ist eine in gemäßigten Klimazonen beliebte Kletterpflanze, die es in den unterschiedlichsten Formen, Größen, Wuchsgewohnheiten, Farben und Farbschattierungen gibt, und teils gibt es für sie völlig unterschiedliche Schnittvorgaben. Wie viele andere Pflanzen auf meiner Terrasse habe ich auch meine erste Clematis in einem Hochglanzkatalog gesehen und war sofort hingerissen. Der Katalog von Wayside Gardens, die Bibel meiner gärtnerischen Anfangsjahre, enthielt ein wundervolles Foto einer ›General Sikorski‹, einer blau-violetten Clematis mit großen Blüten und gelblichen Staubgefäßen. Ich bestellte eine und buddelte in einer Ecke der Holzkiste auf der Südseite der Terrasse, die das Zuhause meines neuen Pfirsichbäumchens war, ein lächerlich kleines Loch für sie. Ich war mir bewusst, dass die meisten Kletterpflanzen nach oben wachsen wollen, hoffte aber, die ›General Sikorski‹ würde sich mit Hilfe von Plastikschnüren an ein horizontales Wachstum längs des schmiedeeisernen Geländers der Terrassenbrüstung gewöhnen.

Und das tat sie. Ich gönnte der ›General Sikorski‹

ein bisschen Kalk, weil ich gelesen hatte, dass die Clematis einen kalkhaltigen Boden bevorzugt, und deckte ihre kleine Ecke mit Rindenmulch ab, weil diverse Fachleute darauf bestanden, die sonnenliebende Clematis brauche eine Rindenmulchdecke, um ihre Wurzeln kühl zu halten. Nach der ersten Blüte im Frühling schnitt ich die Pflanze zurück, das übliche Vorgehen für Clematis der Schnittgruppe Zwei, zu der die ›General Sikorski‹ gehört. Und ich salutierte jedes Mal, wenn sich eine der großartigen Blüten entfaltete. Immer auf Informationen versessen, kaufte ich mir mehrere Bücher über den Umgang mit Clematis und erfuhr, dass sie weder kalkhaltige Böden noch Mulch brauchen, der sogar den Stickstoffgehalt des Bodens mindert, aber sie lieben es, jeden Tag durchdringend gewässert zu werden, damit ihre Wurzeln kühl bleiben. Als das Pfirsichbäumchen starb und die Holzkiste entsorgt wurde, war das auch das Ende der ›General Sikorski‹.

Anschließend hegte ich viele Jahre lang auf der Nordseite der Terrasse die Clematis ›Sweet Autumn‹, die »rispenförmige Waldrebe«, die wunderbar wuchsfreudig war und eine Fülle kleiner, duftender, sternförmiger weißer Blüten hervorbrachte. In Asien heimisch, gilt sie hier oft als invasiv oder sogar aggressiv – für mich eine ausgezeichnete Empfehlung. So unverfroren, wie ich damals noch war, brachte ich die ›Sweet Autumn‹ dazu, an einem massiven, gitterartigen Holzgerüst emporzuklettern, das, technisch gesehen, außerhalb der Grenze meiner Terrasse lag. Vielleicht sollte ich »technisch gesehen« etwas näher erläutern. Zur damaligen Zeit gab es auf unserer Etage noch einen öffentlich zugänglichen Aussichtsbereich zwischen meiner und der Nachbarterrasse, der aber später abgesperrt und mit einer Alarmanlage versehen wurde, nachdem gelenkige Diebe von seiner Existenz erfahren hatten.

Als die Nordseite dann ausgeweidet wurde, damit ein neuer Boden verlegt oder die Fassade neu verfugt oder verkleidet werden konnte – ich weiß nicht mehr, was genau es war, und möchte mich nicht noch einmal mit diesen Desastern befassen –, fand die ›Sweet Autumn‹ ihr Ende, obwohl das Holzgerüst immer noch existiert. Ob jemand etwas dagegen hätte, wenn ich an diesem extraterritorialen Gerüst eine weitere ›Sweet Autumn‹ ziehen würde? Ich möchte es lieber nicht herausfinden.

Keine Clematis mehr zu haben bedrückte meine Gärtnerseele. Vor kurzem kam ich dann darauf, dass ein weiterer Kübel an den südöstlichen Rand der Terrasse gequetscht werden könnte, wo ein neuer, am Geländer angebrachter Lattenzaun meinen Bereich von dem eines nie anwesenden Nachbarn trennt. Und dort, dachte ich mir, könnte ein mittelgroßes Klettergerüst für die Clematis an der Wand zwischen dem Zaun und meinem Wohnzimmerfenster befestigt werden. Manche Experten raten zwar davon ab, Clematis an einem Wandspalier zu ziehen, weil die in der Wand gespeicherte Wärme der Pflanze Feuchtigkeit entzieht. Ich behaupte, dass ein Wandspalier auf meiner windigen Terrasse die einzige Möglichkeit ist, eine Clematis am Leben zu halten. Lowe's, eine Ladenkette für Hobbyhandwerker, lieferte mir ein leichtes PVC-Spalier von zwei Metern Höhe und einem Dreiviertel Meter Breite, das sich problemlos zusammensetzen ließ. Mir gefiel die neutrale Mokkafarbe – schließlich sollte meine Clematis der Star sein, nicht das Rankgerüst.

Als Nächstes stand natürlich die Frage im Raum, welche Clematis ich mir anschaffen sollte. Natürlich dachte ich an die ›General Sikorski‹. Im Internet fand ich hier und da Informationen über Bruder Stefan Franczak, einen polnischen Mönch, der in den 1950er Jahren anfing, sich um den Garten eines Jesuitenklosters in Warschau zu kümmern, wo er zahlreiche Clematis-Hybriden züchtete, darunter auch eine, die er nach einer Gartenhelferin ›Jadwiga Teresa‹ nannte. Sehr zum Ärger des Mönchs wurde die ›Jadwiga Teresa‹ ohne seine Zustimmung in ›General Sikorski‹ umbenannt, als ein britischer Versandhändler sie im Westen auf den Markt brachte. Vielleicht sollte die Neubenennung einen höheren Wiedererkennungswert bewirken; der echte Sikorski, ein polnischer Patriot und Mitglied der polnischen Exilregierung, war im Zweiten Weltkrieg bei einem Flugzeugabsturz ums Leben gekommen. Heute werden beide Namen gleichermaßen für diese Clematis verwendet. Bruder Stefan, der in seinen letzten Lebensjahren ans Bett gefesselt war, starb 2009. Bis dahin hatte das Kloster seine Versuchsflächen in einen manikürten Park verwandelt.

Britische Züchter dominierten die Clematisbranche seit der Mitte des neunzehnten Jahrhunderts. Die Familie Jackman aus Surrey genießt einen besonders hohen Bekanntheitsgrad, aber ich interessierte mich inzwischen sehr für die Züchtungen des polnischen Mönchs. Nach langem Hin und Her entschied ich mich für seine ›Warszawska Nike‹, auch »Warschauer Nacht« genannt – 12 Zentimeter große, dunkle, samtige, rot-violette Blüten mit auffälligen goldenen Staubgefäßen –, die Bruder Stefan nach der griechischen Siegesgöttin benannte, die auf dem Monument zum Gedenken an den tragischen, gescheiterten Aufstand der Stadt gegen die Nazibesatzer im Jahr 1944 dargestellt ist. Die ›Warszawska Nike‹ ist angeblich kleinwüchsiger als die ›Jadwiga/Sigorski‹ und soll gut für Kübel geeignet sein.

Die meisten Clematis-Arten sind keine geborenen Kletterer. Das ist die Wahrheit. Sie haben keine klebrigen Haftscheiben wie der Wilde Wein und schlingen sich nicht so energisch wie die Winde um was auch immer. Eine Clematis versucht natürlich, sich mit ihren Wickelranken an irgendetwas festzuhalten, aber dieses Etwas darf nicht sehr breit oder dick sein. Dagegen winden sie sich bereitwillig umeinander und ersticken auf diese Weise ihre eigenen Knospen, es sei denn, man bietet ihnen eine Hilfe – in großen Gärten ist das für gewöhnlich ein in der Nähe wachsender Strauch oder Baum. Da meine ›Warszawska Nike‹ sich mit einem PVC-Spalier mit dünnen, flachen Latten begnügen muss, braucht sie eine Menge Plastikschnüre und viel wachsames menschliches Eingreifen. Das liefere ich ihr getreulich, und bis jetzt läuft alles gut. Im zweiten Jahr machte sie große Fortschritte beim Erklettern des mokkafarbenen Spaliers, und die umwerfenden rot-violetten Blüten, die sie büschelweise hervorbrachte, waren tatsächlich zwölf Zentimeter groß.

Mein Streuner

Der britische Gartenbuchautor Beverley Nichols ließ sich liebevoll über die bezaubernden Possen seiner Katzen in seinem Garten aus. Ein Hoch auf ihn und seine wunderbaren Katzen. Die Possen von Christopher, der Katze, die meine Terrasse vierzehn Jahre lang beherrschte, waren nicht bezaubernd. Christopher war ein Albtraum.

Ich bin ein Hundemensch. Für Tilly, meine Hündin und treue Gefährtin, war die Terrasse nicht weiter interessant, es sei denn, es fand eine Grillparty statt. Damals war grillen auf Dächern und Terrassen noch erlaubt. Noch am Morgen nachdem wir uns an Steaks, Würstchen oder Burgern gütlich getan hatten, umkreiste Tilly den Holzkohlegrill und wedelte mit dem Schwanz, um mir pantomimisch zu verstehen zu geben: »Ist noch Fleisch da?« Hunde sind großartige Pantomimen, von ihren vielen anderen liebenswerten Eigenschaften ganz abgesehen.

Ich war am Boden zerstört, als Tilly starb. Mein angeschlagener Zustand bot einer Freundin, die sich als Katzenretterin betätigte, eine Chance. Sie hatte am Heiligabend ein Kätzchen gefunden und bat mich, bei ihr vorbeizukommen und es mir einfach einmal anzusehen, weil sie bereits sechs Katzen hatte und das neue Kätzchen zu seiner eigenen Sicherheit im Badezimmer einschließen musste. Nur probeweise – diesbezüglich drückte ich mich absolut unmissverständlich aus – nahm ich das anbetungswürdige schwarze Kätzchen, das sich, kaum dass es mich sah, unter meine Jacke kuschelte, mit nach Hause, was sehr dumm von mir war. Ich nannte den kleinen Kater Christopher Robin, weil Robin, die Katzenretterin, ihn am Christfest gefunden hatte, und natürlich wegen *Pooh der Bär*, dem wunderbaren Kinderbuch, das für Christopher Robin, den Sohn des Autors Alan Alexander Milne, geschrieben worden war, der in der Geschichte auch vorkommt. Zwei Wochen später wusste ich, dass ich mir Ärger ins Haus geholt hatte.

Christopher war ein Wildling und als Hauskatze absolut ungeeignet. Zuerst war mir das nicht richtig klar, da ich kaum etwas über Katzen wusste. Als ich die Terrassentür das erste Mal öffnete, zuckte Christopher mit der Nase und stellte die Ohren auf. Das zweite Mal raste er wie besessen auf die Tür zu, um nach draußen zu gelangen, aber ich war schneller. Dieses Katze-und-Tür-Spiel spielten wir so oft, dass ich schließlich erkannte, dass wir ein dreifaches Problem hatten: 1. Christopher war wie ein Laser auf die Terrassentür fokussiert. 2. Bekanntermaßen ist es schon vorgekommen, dass Katzen auf der Jagd nach einem Vogel von Terrassen stürzen. 3. Katzen, die man bei sich aufgenommen hat, und sei es auch nur probeweise, können nicht an Katzenretterinnen zurückgegeben werden.

Ich befragte mehrere Katzenmenschen wegen dieses Dilemmas. Fast einhellig rieten sie mir, mir als Ablenkung und Gesellschaft für Christopher eine zweite Katze zuzulegen, eine Vorstellung, die mich erschaudern ließ. Mit Ausnahme einer einzigen Person waren sich alle einig, dass ich Christopher nicht auf die Terrasse lassen dürfe. Die Ausnahme, eine ungarische Exilantin und ihres Zeichens Modedesignerin, ließ mich an ihrer europäischen Sicht der Dinge teilhaben: »Deine Beziehung zu dem Kater darf nicht durch eine Terrassentür bestimmt werden«, sagte sie mit ihrem Paprika-Akzent. »Er muss sein Leben leben, du deins. Wenn er von der Terrasse fällt, war es ihm eben so vorbestimmt. Es war sein Schicksal.«

Ich ließ den Kater auf die Terrasse. Eine Weile amüsierte er sich damit, Schmetterlinge zu fangen und nach Bienen zu springen. Blauhäher verhöhnten ihn aus den Zweigen der Birken. Einmal schleppte er eine Trauertaube in die Wohnung, die ich aber befreien konnte. Nur zu schnell kam er dahinter, dass vier weitere Terrassen, die von einem Kater erkundet werden mussten, mit unserer durch eine Reihe von Hecken, Zäunen und Geländern, die sich alle überwinden ließen, verbunden waren. Er gliederte diese Terrassen in sein Territorium ein. Sein Lieblingstrick war es, auf dem schmiedeeisernen Geländer der Terrasse nebenan herumzubalancieren, das ich zwar sehen, aber absolut nicht erreichen konnte. Ein Ausrutscher würde ihn zwanzig Stock tief stürzen lassen. Wenn er sah, dass ich ihn voller Angst beobachtete, vollführte er Drahtseilakte wie im Zirkus und hob die Pfoten auf eine Weise, die mir den Magen umdrehte. Ich konnte nicht länger hinsehen. Und dieses Miststück von einem Kater genoss das Ganze.

So begann eine Ära, die über ein Jahrzehnt dauerte und in der Chrissie die benachbarten Terrassen erkundete, über Zäune sprang, sich durch Hecken zwängte und an den Fenstern und Fliegengittertüren der Nachbarn scharrte. Der Kater und ich hatten eine Vereinbarung: Tagsüber ließ ich immer ein Fenster offen, damit er jederzeit hereinkommen konnte, nachts hatte er draußen nichts zu suchen. Manchmal kam er derart aufgeregt von seinen Streifzügen zurück, dass ich wusste, dass er etwas Beängstigendes erlebt hatte, von dem wir beide wünschten, er könne es erzählen. Dan, mein katzenfreundlicher Nachbar, klingelte oft an meiner Tür und drückte mir Chrissie grinsend in den Arm (einmal mit einer roten Schleife um den Hals), wenn der ihn wieder einmal in den Wahnsinn getrieben hatte, weil er den ganzen Morgen miauend an seiner Tür gekratzt hatte.

Zwei andere Nachbarn auf unserem Stockwerk, die Katzen nicht unbedingt bezaubernd fanden, fühlten sich von Chrissie belästigt und ärgerten sich über meine Nichtbeachtung ihrer Wünsche, da ich ihn auch weiter frei herumstreifen ließ. Sie hatten natürlich absolut Recht. Auf manchen Stockwerken des Gebäudes dürfen Katzen nicht in den Fluren herumlaufen, und Mieter mit Katzen dürfen ihre Wohnungstüren nicht offen lassen, weil es Beschwerden von anderen Nachbarn mit Katzenallergien gab. Gemeinschaftliches Leben ist schwierig, ein ständiges Bemühen darum, die Regeln zu verfeinern und den Frieden zu wahren. Einmal brachte Chrissie mir ausgebuddelte Tulpen, die nicht von meiner eigenen Terrasse stammten. Ein andermal präsentierte er Dan einen ausgeweideten Mäusefötus. Einmal sprang er durch ein offenes Fenster und kackte auf das Bett eines Nachbarn.

Eines Tages kam er nicht zurück. Ich befürchtete das Schlimmste und suchte die Straßen im Umkreis des Gebäudes ab. Kein Kater. Kein zermatschter Katerkörper. Es fing an zu regnen. Es regnete drei Tage lang. Ich betrauerte das elende Ende des Katers und glaubte ständig, ein klagendes Miauen zu hören. »Natürlich denkst du, du würdest es miauen hören«, trösteten mitfühlende Freunde. An dem Abend, an dem der Regen aufhörte, öffnete ein Nachbar auf einem unteren Stockwerk seine Terrassentür und sah einen pelzigen schwarzen Umriss und zwei glitzernde Augen in einem seiner Pflanzkübel. »Da draußen ist ein Monster«, rief er seinem Partner zu. Der sah sich das Monster genauer an und sagte: »Ich rufe Susan an.« Ich kam, um Christopher zurückzuholen und hob ihn sanft in meine Arme. Er sah zu unserer Terrasse drei Stock höher auf, von der er heruntergefallen war, ohne die Höhe ermessen zu können. »Was hat dich so lange aufgehalten?«, sagte sein Gesichtsausdruck.

Der Tierarzt verpasste Christopher einen Gips für seinen gebrochenen Unterlauf. Als der Gips abgenommen wurde, hinkte der Kater. Ich beschloss, ihn nicht mehr auf die Terrasse zu lassen – also gut, ab und zu würde es überwachte Ausflüge geben – er mit einem bequemen Haltegurt um den Leib, ich mit der Leine in der Hand. Christopher gab mir zu verstehen, dass er lieber drinnen blieb, als sich dieser Demütigung auszusetzen. Also ließ ich ihn ohne den Haltegurt raus, blieb aber immer dicht neben ihm. Ich beobachtete, wie er sich mit seinem Gebrechen und seinen Einschränkungen arrangierte. Seine Hochsprungtage waren vorbei. Den Rest seines Lebens blieb er in meiner Nähe und begnügte sich damit, nach Bienen zu schlagen und meine Beine anzuspringen. Ich kann Ihnen die Narben zeigen.

Die Spottdrossel auf dem Dach

Das Frühjahr des entsetzlichen Regens brachte eine aggressive Spottdrossel in mein Leben. Der Vogel war jung, wild und offenbar nicht ganz bei Trost und traf mehrere schlechte Entscheidungen.

Spottdrosseln sind leicht zu identifizieren. Sie sind dunkelgrau, circa 25 Zentimeter lang, haben eine hellere Unterseite und einen kecken schwarzen Schwanz mit weißen Außenfedern. Im Flug zeigen ihre großen schwarzen Flügel weiße Flecken. Der Vogel stößt charakteristische Rufe aus, typisch sind ein kehliges *tschack-tschack* und ein weicheres, klagendes *hu-hu*. Ornithologen sagen, dass die Spottdrossel so heißt, weil sie Hunderte anderer Vogelstimmen nachahmen kann. Das Repertoire meiner Spottdrossel beschränkte sich auf *tschack* und *hu*, beides in einer emotionalen Färbung zwischen unverschämt und verzweifelt.

Der Frühling ist Paarungszeit für diese sogenannten Reviervögel, und ihr Revier umfasst eine Fläche von etwa ein bis drei Morgen. Normalerweise baut der männliche Vogel ein schalenförmiges Nest aus Blättern, Gras und künstlichen Fasern – was immer eben gerade zu Hand ist –, ungefähr einen bis drei Meter über dem Boden in einem kleinen Baum oder Strauch. Dann singt er – *tschack-tschack* – um ein

Weibchen in sein Heim zu locken. Der Nestbau in einer geschützten Umgebung und die Werbung dafür sind ein hoch kompetitives Unterfangen für ein noch unverbandeltes Männchen, da Spottdrosseln monogam sind, sobald sie sich einmal gepaart und gemeinsam gebrütet haben. Die Verbindung eines solchen Paars kann mehrere Jahre halten.

Nach erfolgreicher Liebeswerbung dauert die eigentliche Paarung nur ein paar Sekunden. Das Männchen bespringt das Weibchen auf ebener Erde und vereint sich mit ihm in einem sogenannten Kloakenkuss. Die rudimentäre Entwicklung der Embryos im Weibchen – winzige, konzentrische Schichten aus Dotter, Eiweiß und Schalenmembran – ist in etwa einem Tag abgeschlossen, dann ist es Zeit zu legen. Wenn Sie darüber nachdenken, wie ich es getan habe, werden Sie natürlich die offensichtliche Tatsache erkennen, dass sich ein schwangeres Weibchen mit einer schweren Last im Leib nicht lange in der Luft halten könnte. Nach der Befruchtung hat das Weibchen daher herzlich wenig Zeit, das Nest seines erwählten Partners auszupolstern, bevor es drei bis fünf winzige Eier legt, die laut Leuten, die welche gesehen haben, blassblau oder blassgrün sind und rostrot oder zimtfarben gesprenkelt. Sie brauchen zwölf Tage, um auszureifen. Es ist das Weibchen, das die Eier ausbrütet, aber beide Spottdrosseln kümmern sich um das Füttern der ausgeschlüpften Jungen, für die Insekten zur Lieblingsspeise gehören. Zehn Tage später haben die Jungen genug Federn, um als flügge zu gelten und mit dem Flugtraining anzufangen, obwohl sie noch eine schützende Vegetation brauchen, während sie in ihren ungeschickten Bemühungen, sich in die Lüfte zu erheben, herumtorkelnd mit den Flügeln schlagen.

Mein Spottdrossel-Männchen baute sein Nest in einem Steigrohr aus Metall auf der zum Garten umgestalteten Dachterrasse, auf der man sonnenbaden oder der Geselligkeit frönen kann und die genau über meiner Terrasse liegt. Für sein Vogelhirn war meine Terrasse anscheinend Teil seines ebenerdigen Reviers. Jeder normale Vogel hätte erahnt, dass die Dachterrasse eines Wohnblocks in Manhattan keine sonderlich gute Wahl für ein Nest ist, aber immerhin hatte das glücklose Tier einen guten Überblick. Eines Tages ging ich rauf aufs Dach und sah überrascht, dass zwei, manchmal sogar drei Spottdrosseln in der kompetitiven Phase des Werbens ihre Kreise über den Himmel zogen, aber mein Vogel kam trotzdem nie zum Zug. Da bin ich mir ganz sicher.

Unsere unerfreulichen Interaktionen begannen, als ich eines Morgens auf meine Terrasse trat und der oben ansässige Vogel vom Dach herunterstieß und mich mit dem Flügel an der Schulter streifte. Ich versuchte, den Stupser als freundlich zu interpretieren, als eine Art »Ich mag dich, lass uns spielen«. Aber als es noch einmal und noch einmal passierte, als er anfing, zu *tschacken* und die Flügel auszubreiten und sturzflugartig dicht an meinem Kopf vorbeizuschießen, sobald er mich sah – so gut wie jedes Mal, wenn ich auf die Terrasse kam –, ging mir auf, dass er ganz und gar nicht spielen wollte. Er wollte mich verjagen. »Lass das!«, schrie ich ihn an und stampfte mit dem Fuß, was überhaupt nichts bewirkte. Seine Blitzangriffe endeten immer mit einem schnellen Rückzug aufs Dach, wo er auf der Kante der Brüstung sitzen blieb und auf den besten Augenblick für den nächsten Angriff wartete. Fairerweise muss ich zugeben, dass er nie mit dem Schnabel nach mir hackte oder gar auf meine Augen losging, aber es kam so weit, dass ich schon zusammenzuckte, wenn ich nur die Terrassentür öffnete.

Ich suchte Hilfe im Internet, wo ich erfuhr, dass es durchaus nicht ungewöhnlich ist, dass Spottdrosseln auf Menschen losgehen, die sie als Gefahr für ihr Nest ansehen. Ich las von einer Postangestellten in Tulsa, die auf ihrer Route täglich von einer Spottdrossel attackiert wurde. Ich lud mir einen Aufsatz der Universität von Florida herunter, in dem es um die unglaubliche Fähigkeit von Spottdrosseln ging, sich an bestimmte Menschen zu erinnern und nur sie zu attackieren, während andere, die wohl als weniger gefährlich eingestuft wurden, frei passieren konnten. Alle Informationen, die ich fand, waren hilfreich, vor allem, als ich erfuhr, dass mein Problem mit dem Ende der Paarungszeit vorbei sein würde. Im bestmöglichen Spottdrossel-Fall ist der Brutzyklus in etwas weniger als einem Monat abgeschlossen. Im gegenteiligen Fall, also wenn keine Paarung stattgefunden hat, fliegt der Verlierer geschlagen von dannen.

Früh eines Morgens trat ich auf die Terrasse und erkannte, dass es bereits der zweite Morgen hintereinander ohne Spottdrossel-Attacke war. Erkühnt stieg ich die Treppe zum Dach hinauf, um nach dem Nest zu suchen.

Melisandra, eine im Haus lebende Künstlerin, saß mit grimmigem Gesicht in einem Liegestuhl. Sie verbrachte viele Stunden auf dem Dach, egal ob bei Tag oder Nacht, um zu rauchen und sich mit ihren privaten Dämonen zu unterhalten. »Hast du irgendwem von dem Nest erzählt?«, wollte sie wissen.

»Ich? Nein, Melisandra. Ich wollte gerade danach suchen. Diese Spottdrossel muss dir das Leben hier oben verdammt schwergemacht haben.«

»Ich hab mich einfach in einen anderen Liegestuhl gesetzt.«

»Sag mal, kannst du mir zeigen, wo das Nest ist?«

Sie seufzte und führte mich zu einem offenen Steigrohr, das von einem dünnen, mit einer Kletterpflanze bewachsenen Gitter umgeben war. Das Nest befand sich im Inneren des Steigrohrs. Ich betastete es vorsichtig, konnte aber keinen Hinweis darauf finden, dass es je bewohnt worden war.

»Es ist ein sehr cleveres Nest«, sagte Melisandra wehmütig. »Die Jungen müssen ausgeflogen sein, als ich zwei Tage weg war.«

»Es hat auf diesem Dach keine Jungen gegeben«, fauchte ich unfreundlicher, als ich es beabsichtigt hatte. »Und das Nest war überhaupt nicht clever. Der Gärtner, der das Rohr hinter dem Gitter und der Pflanze versteckte, war clever, aber er hätte nicht vorhersehen können, was passierte.«

Es tat mir leid, Melisandra ihre Illusionen zu nehmen, aber diese Spottdrossel war ein Idiot. Kein Weibchen mit auch nur einem Hauch von Verstand hätte seine Eier in dieses Nest gelegt.

Herbstrückblick

Die Tage werden kürzer, in der Luft liegt eine gewisse Schärfe, und die Pflanzen auf meiner Terrasse reagieren auf die Veränderung der Jahreszeit. Leuchtendrote Blätter flattern vom Wilden Wein zu Boden; das Geißblatt wirft geflecktes Laub ab, das letzte Woche, ich schwöre, noch glänzend grün war. Zwanzig Stock über der Straße reagiert mein Garten zwei Wochen vor den ebenerdigen Gärten der Nachbarschaft auf das Kommen des Herbstes. Hier oben hat der Wind bereits abgefallene Blätter hinter den großen Eckkübeln und unter meinem Holztisch mit den Stühlen zu Haufen zusammengeweht. Ich werde sie in große Plastiktüten stopfen und in den Müllkompressor im Flur werfen. Und das werde ich immer und immer wieder tun, während der Herbst damit fortfährt, die Dinge zum Abschluss zu bringen.

Was ich *nicht* tun werde, ist mulchen. Halten Sie mich jetzt für faul? Ich wiederhole es trotzdem: Ich werde meine Pflanzen nicht mulchen, um sie vor Kälte, unberechenbaren Wechseln zwischen Frost und Tauwetter und stürmischen Winden zu schützen, die die Krone einer Pflanze bis auf den Boden niederdrücken können. Schon zu Beginn meiner Gärtnerlaufbahn – ich meine, zu Beginn meines alles vereinnahmenden Hobbys – merkte ich, dass der schützende Mulch auf einer windigen Terrasse nicht da bleibt, wo er bleiben sollte. Die Rindenstücke und Kiefernnadeln, aus denen er sich normalerweise zusammensetzt, fliegen einfach auf und davon. Wenn die Natur im Winter für eine Schneedecke sorgt, bin ich dankbar, aber Schnee ist die einzige Hilfe, die meine Pflanzen bekommen. Friss oder stirb, lautet mein Motto.

Nicht alles bewegt sich auf ein Ende zu, noch nicht. Aus der Sommerflaute aufgewacht, legen die Rosen eine Herbstvorführung hin. Die ›Nathalie Nypels‹, das holländische Wunder, hat sich besonders schön herausgeputzt. Vor ein paar Monaten brachte die kanadische ›William Buffin‹ einen ganz neuen, kräftigen Trieb hervor, der energisch an der Wand hochkletterte. Indem ich ihn alle zwanzig Zentimeter festband, habe ich ihn dazu gebracht, horizontal zu wachsen, damit sich im nächsten Frühjahr blühende Seitentriebe bilden. Die herbstliche Blumenshow der anderen Rosen war dieses Jahr weniger spektakulär als sonst, aber sie tragen orangefarbene, je nach Sorte runde oder längliche Hagebutten, die mir Herbstfarbe schenken.

Verdammt! Ich dachte, ich hätte die grünen Scherben der Heineken-Flasche alle zusammengefegt. Es ist wirklich ein Elend! Vor einer Woche warf irgendjemand auf dem Dach nachts eine leere Bierflasche zwischen den Lavendel und eine Hortensie. Am nächsten Morgen fand ich die großen Bruchstücke und die winzigen Scherben. Ich habe keine Ahnung, wer die Flasche fallen ließ, ein Hausbewohner oder ein Besucher, aber ich würde das Gesicht der betreffenden Person nur allzu gern in die Scherben drücken, die ich immer noch aus den Fugen zusammenklaube. Diese Flasche fiel nicht zufällig, sondern war eine klassenkämpferische Geste von jemandem, der wahrscheinlich sehr betrunken und unverkennbar sehr feindselig war.

Ich verstehe, wo diese Wut herkommt. Es ist die Wut der weniger Privilegierten auf die Privilegierten. Die Hausverwaltung hat Regeln dafür festgelegt, wie Bewohner und Gäste sich auf einem gemeinschaftlichen, schön gestalteten Dachgarten mit 360-Grad-Ausblick verhalten sollen. Ein großes Schild an der Tür zum Dach verkündet: »Nicht rauchen, keine Hunde, bitte nicht grillen, keine Gläser, keine Glasflaschen, bitte verwenden Sie Pappbecher und werfen Sie diese anschließend in die bereitstehenden Mülleimer, das Dach wird um 22:00 Uhr geschlossen, bitte nehmen Sie Rücksicht auf Ihre Nachbarn« etc. etc. Diese Regeln werden eher miss- als beachtet.

Die Bänke und Stühle zum Sonnenbaden am Tag und für gesellige Zusammenkünfte am Abend stehen in einem etwas zurückgesetzten Bereich über meiner Terrasse. Falls Sie darüber hinweggelesen haben sollten, wiederhole ich es noch einmal: Alle Bänke und Stühle auf dem Dach stehen sozusagen genau über meiner Terrasse. Aber wenn die Leute über die Brüstung nach unten gucken wollen, müssen Sie entweder in einen Pflanzkübel steigen oder sich durch eine Hecke zwängen. Überraschend viele von ihnen tun das. Und wenn sie Regeln und Vorschriften hassen oder betrunken sind oder beides und sie dann einen Garten ohne einen Haufen Vorschriften sehen, wird er zum Ziel für fortgeschnippte Zigaretten, weggeworfene Trinkbecher und wie bereits erzählt, für ein benutztes Kondom – wahrscheinlich einfach nur um zu sehen, wo die Sachen landen.

Zu Anfang meines gärtnerischen Abenteuers, glaubte ich naiverweise, die Leute auf dem Dach würden den Blick in einen geheimen Garten zu schätzen wissen. Geheime Gärten wurden im Mittelalter von reichen Landbesitzern angelegt, um Wilderer fernzuhalten, und von Mönchen, die einen Rückzugsort für ungestörte Einkehr innerhalb der Klostermauern suchten. Kunstvoll angelegte versteckte Einfriedungen oder »Räume« wurden zum Merkmal eleganter Landgärten, und irgendwann wurden Hochhausterrassen zum integralen Bestandteil von Großstadtlandschaften. Frances Hodgson Burnetts begeisterndes, 1911 veröffentlichtes und immer wieder neu aufgelegtes Kinderbuch *Der geheime Garten*, handelt von der Aufregung und Romantik einer solchen Entdeckung.

Heute regen sich die Leute, durchaus zu Recht, über die ungerechtfertigten Privilegien anderer auf. Das tue ich auch. Aber ich gehöre nicht zu dem einen Prozent der Bevölkerung, das die Welt beherrscht, und meine Terrasse sollte kein Symbol für den Kampf der Besitzlosen gegen die Besitzenden sein. Ich lebe seit fünfunddreißig Jahren in derselben Wohnung und kann dort glücklich und zufrieden vor mich hingärtnern, weil es in der Stadt Gesetze zur Mietpreisbindung gibt. Ich weiß, ich zahle weniger als den Marktwert, obwohl meine Miete alle zwei Jahre erhöht wird, während mein Einkommen eher sinkt, wie es bei älteren Menschen oft der Fall ist. Eines Tages wird die Hausbesitzerlobby die Mietpreisbindung abschaffen, weshalb ich mir ziemliche Sorgen um die Zukunft mache. Wo soll ich hin, wenn ich hier raus muss? Jedenfalls sollte ich kein Ziel für einen feigen nächtlichen Flaschenwerfer sein, der keine Ahnung vom echtem Klassenkampf in einem privilegierten Manhattan hat, wo es praktisch unmöglich ist, eine anständige Wohnung zu finden, wenn man weder reich ist noch reiche Eltern hat.

Meine sonderbaren orangefarbenen Gazanien, die sich morgens erst so spät öffnen, leuchten immer noch. Gazanien müssen in diesem Klima als einjährig behandelt werden, daher bleiben sie, wo sie sind, bis die Kälte sie dahinrafft. Und wo wir gerade bei

Orange sind – die Studentenblumen sind auch noch nicht bereit, sich geschlagen zu geben.

In der violetten Abteilung, einer in jeder Jahreszeit willkommenen Farbe, treten der einjährige Salbei und die mehrjährigen Glockenblumen inzwischen etwas kürzer, was auch für den Sommerflieder gilt. Seine Blütenrispen sind nur noch halb so lang wie im Sommer, ziehen aber immer noch hungrige Bienen an. Die Clematis hat – Halleluja! – fünf neue samtige Blüten hervorgebracht. Ich war mir nicht sicher, ob sie sich an das Lattenspalier gewöhnen würde, das ich vor zwei Jahren für sie kaufte, aber sie hat.

Die Zwerg-Geranien scheinen nicht einmal zu ahnen, dass der Frost sie bald dahinraffen könnte. Die vier kleinen ›Telstars‹ haben in ihrem Kübel unter den violetten Rispen des Sommerflieders eine einzige Masse kardinalroter Blüten gebildet. Einer der Kübel mit den lachsfarbenen Minis, meinen dreißigjährigen Freunden, steht nun außerhalb der Reichweite der untergehenden Sonne. Bald muss ich alle Geranien ausbuddeln, ihre Wurzeln entwirren, kürzen und die Pflanzen für ihren Winteraufenthalt auf einem sonnigen Regalbrett unter meinem Schlafzimmerfenster in neue Erde setzen. Dieses Regalbrett wird voll werden – es enthält bereits winzige Geranienstecklinge, die ich im Sommer bewurzelt und eingetopft habe, daher werde ich auch das Fensterbrett im Wohnzimmer für die Geranien nutzen müssen.

Gelb: mein Beet mit goldenen Mädchenaugen hat sich dieses Jahr wacker geschlagen. Ich bin froh, dass die Bienen, die die Blumen belästigen, fast am Ende ihrer jährlichen Invasion angelangt sind. Die ›Little Lemon‹, meine Zwerg-Goldrute, hat ein paar letzte zitronige Blütenbüschel hervorgebracht.

Im kulinarischen Bereich sind Schnittlauch, Petersilie und Basilikum noch voll dabei. Der Schnittlauch ist mehrjährig und wird nächstes Jahr wiederkommen. Die Petersilie ist nur zweijährig, was bedeutet, dass sie im Frühjahr mit vollem Elan wiederkehren, dann aber sterben wird und ersetzt werden muss. Das Basilikum ist einjährig, Punkt. Wenn der erste starke Frost kommt, wird sein Ende schnell sein. Im Augenblick fühle ich mich noch dafür verantwortlich, es mit eimerweise Wasser zu versorgen, bezweifle aber, dass ich dieses Jahr noch einmal *pasta al pesto* machen werde. Es gibt eine Grenze dafür, wie oft meine Poker- und Mahjong-Runden meine selbst angebaute Spezialität essen wollen. Von daher: Basilikum, hinfort mit dir!

Die Taglilien sind längst kein Thema mehr; sie waren Ende Juli mit dem Blühen fertig, müssen aber trotzdem immer noch gegossen und daraufhin beobachtet werden, ob sich keine unerwünschten Sämlinge in ihre Töpfe eingeschlichen haben. Das Geißblatt ›Major Wheeler‹, das mich den ganzen Sommer über mit seinen roten Trompeten erfreut hat, ist bereit, für dieses Jahr in den Ruhestand zu treten; ich muss sagen, dass der ›Major‹ sich dieses Jahr so gut gemacht hat, dass ich seinem Vormarsch ins Territorium der Hortensie ›Nikko Blue‹ Einhalt gebieten musste. Die beiden Bartfäden, der eine violett, der andere kirschrot, bringen immer noch Blüten hervor, wenn ich die abgeblühten Stängel abknipse. Ein Sämling hatte sich in der Nähe der Mutterpflanze, der mit den kirschroten Blüten, zwischen den Bodenplatten eingenistet, die schmalen Blätter waren unverkennbar. Ich habe ihn ausgezupft und in einen kleinen Topf mit frischer Erde gesetzt und ins Haus geholt. Wenn er überlebt (wenn das Wörtchen wenn nicht wär), werde ich ihn im Frühjahr auspflanzen und abwarten, was passiert. An die Selbstaussämlinge der Portulakröschen, die immer noch hier und da auftauchen, brauche ich keinen Gedanken zu verschwenden; sie werden sich im Sommer an den unterschiedlichsten Stellen zeigen, und den hübschesten werde ich erlauben, ihr Territorium zu behaupten.

In früheren Jahren habe ich, wenn es angebracht war, im Herbst Neupflanzungen vorgenommen (die Pfingstrose, die Schwertlilien). Diesen Herbst beschränke ich mich auf einen einzigen Topf mit Narzissenzwiebeln. Es ist lange her, seit ich mich mit Zwiebeln abgegeben habe. Werden sie im Frühjahr tatsächlich kommen? Ich werde sehen.

Der Herbst ist eine gute Zeit, um Bilanz zu ziehen

und Rückschau zu halten. Was hat meine Erwartungen erfüllt, was nicht, was wird es wahrscheinlich nie tun. (Ich bezweifle, dass das Edelweiß bleiben wird.) Der Herbst wird auf der nördlichen Hemisphäre im späten September durch den Erntemond angekündigt, einen riesigen Kürbis am Himmel, der vor Sonnenuntergang erscheint, eine astronomische Auswirkung der herbstlichen Tag-und-Nacht-Gleiche, hervorgerufen durch die um ihre schräge Achse rotierende Erde bei ihrer Rotation um die Sonne. Der Erntemond sorgt dafür, dass der Himmel hell bleibt, wenn es eigentlich dunkel sein sollte, außer natürlich, es sind Wolken da. Der Legende nach haben Bauern den Erntemond gefeiert, weil er ihnen zusätzliches Licht lieferte, damit sie ihre Ernte einbringen konnten. Er ist der berühmteste Mond im Kalender; ich versuche, ihn von meiner privilegierten Position aus nie zu verpassen.

Dieser Herbst schreitet nur stockend voran und beschert uns einen sogenannten Altweibersommer, aber Mitte Oktober/Anfang November ist er in vollem Gang. Die Ankunft des Frühlings ist oft gleichermaßen sprunghaft, mit einem großen Unterschied.

Der Frühling ist eine Zeit der Erneuerung und wird in gemäßigten Klimazonen allgemein freudig erwartet und begrüßt, während das Kommen des Herbstes ein Ende signalisiert. Auch ich sehe ihn als Abschluss. Auf dem Land wird viel Aufhebens um die gloriose Verfärbung des Herbstlaubs gemacht, aber in einer Großstadt manifestiert sich der Herbst hauptsächlich in Form der Wagen der Müllabfuhr und ihrer Besatzung, die die abgefallenen Blätter von den Straßen sammeln, damit sie die Gullis nicht verstopfen. Und natürlich sieht man plötzlich Jacken und Pullover an der ihren Geschäften nachgehenden Bevölkerung der Stadt.

Oh! Ein Geräusch, das ich schon ewig nicht mehr gehört habe: Das nächtliche Zirpen von Grillen. Es beginnt gegen 21.00 Uhr und dauert nur ein paar intensive Stunden. Tatsächlich zirpen Grillen nicht, nicht im Sinn von Singen. Die Männchen reiben ihre Flügel gegeneinander, und das so entstehende Geräusch ist ihr Paarungsruf: die stummen Weibchen wissen anscheinend, welcher Klang ihnen am liebsten ist.

Auch die Grillen kündigen das Kommen des Herbstes an, selbst in einer Großstadt. Aber wieso sind sie dieses Jahr nach langer Pause wieder auf meine Terrasse gekommen? Ich habe keine Ahnung. Vielleicht haben sie einige ihrer alten Umfelder in der Stadt verloren? Bei all den vielen Bauvorhaben in dieser Gegend und in der Stadt im Allgemeinen ist dieser Umfeldverlust wohl die wahrscheinlichste Annahme. Der Klang scheint von der Südseite meiner Terrasse zu kommen, aber ich kann ihn nicht genau lokalisieren. Verstecken sich die Grillen in den ›Nathalie Nypels‹? In den kleinen Rissen im Beton der Brüstungsmauer, da, wo das schmiedeeiserne Geländer eingelassen ist? Tagsüber kann ich keine Spur der kleinen Kreaturen finden, aber es ist eine Freude, sie abends zu hören.

Und jetzt gestehe ich: Ich bin genauso müde wie manche meiner Pflanzen. Ich gestehe: Ich bin froh, dass ich damit aufhören kann, den Schlauch von hier nach da zu zerren. Ich bin bereit, zusammenzupacken.

Dank

Susan Duff von der Agentur Bresnick-Weil drängte mich, dieses Buch zu Ende zu schreiben.

Ein großer Dank an Alison Owings dafür, dass sie Rutgers University Press vorschlug.

Rob Sterbal, Sharon Frost und Holly Forsman schickten mir aus ihren Unterlagen Fotos des frühen Gartens. Patty LaDuca machte ein aktuelles Foto der Autorin.

Ich bin Fahad Waris und Guillaume Le Courhis für ihre technische Expertise dankbar.

Über die Autorin

Susan Brownmiller ist Feministin, Journalistin, Aktivistin und Bestseller-Autorin. Ihr berühmtestes Buch ist *Gegen unseren Willen: Vergewaltigung und Männerherrschaft.* Zu ihren anderen Büchern gehören *Weiblichkeit, Es geschah bei den Nachbarn, Seeing Vietnam* und *In Our Time: Memoir of a Revolution.*